어린이에게 드리는
이야기 선물

잘 배우는 길

들꽃 주중식

농사꾼으로, 먹을거리 조금 지어서 이웃하고 나누며 살아갑니다.
낙동강가 창녕 논실에서 자랐고, 통영 섬마을과 거창에서 초등학교 선생으로 지냈습니다.
꾸준히 일기 쓰고, 학급문집 내고, 나누고 싶은 이야기 모아서 책 몇 권 냈습니다.
요즘에도 '우리말과 삶을 가꾸는 글쓰기' 공부를 하고, 배달말 살려내는 일도 하고,
누리말 '에스페란토(esperanto)'를 익히면서 온누리가 평화롭게 살아갈 길을 찾아봅니다.
'밥과 말' 잘 나누며 살다가 죽는 게 꿈입니다.

천천히읽는책_11
어린이에게 드리는 이야기 선물
잘 배우는 길
들꽃 주중식 씀

펴낸날 2016년 11월 10일 초판1쇄 | 2017년 3월 10일 초판2쇄
펴낸이 김남호 | 펴낸곳 현북스
출판등록일 2010년 11월 11일 | 제313-2010-333호
주소 04071 서울시 마포구 성지길 27, 4층
전화 02)3141-7277 | 팩스 02)3141-7278
홈페이지 www.hyunbooks.co.kr | 카페 cafe.naver.com/hyunbooks
ISBN 979-11-5741-079-8 73810

기획위원 이주영 | 편집 노계순 | 디자인 나모에디트 김영미 | 마케팅 송유근

글 ⓒ 주중식, 2016
이 책은 저작권법에 의하여 보호를 받는 저작물이므로 무단 전재 및 복제를 금지하며,
이 책 내용의 전부 또는 일부를 이용하려면 반드시 저작권자와 현북스의 허락을 받아야 합니다.

천천히읽는책은 문장과 문장 사이에서 상상하고 생각하며 읽는 현북스의 책입니다.

주의 종이에 베이거나 긁히지 않도록 조심하세요. 책 모서리가 날카로우니 던지거나 떨어뜨리지 마세요.

어린이에게 드리는
이야기 선물

잘 배우는 길

들꽃 주중식 씀

| 머리말 |

저는 학교 일에서 벗어나 농사꾼으로 살면서도, 한 달에 이틀은 샛별초등학교에 나가서 3학년과 6학년 아이들을 만났습니다.

한 달 만에 두 번째 찾아간 시간입니다.

"반갑습니다. 제가 이 교실에 왜 왔을까요?"

"특별 수업하러요."

"맞습니다. 그런데, 다른 말로 바꾸어 말해 볼까요?"

"이야기 선물 나누어 주러 오셨습니다."

"맞습니다. 그럼 이제부터 선물을 나누어 드리지요."

먼저, 종이 두 장을 나누어 줍니다. 이야기 알맹이가 적혀 있는 것 한 장에 글 쓸 종이 한 장입니다. 거기에다 덤으로 누룽지 과자를 나누어 주었습니다.

이 책 첫 묶음 중 '물으면 답이 나온다'에 실린 글은 이렇게 해서 나온 것입니다.

두 번째 묶음에는 다달이 내는 학교 소식 〈샛별 교육〉과 해마다 한 번 내는 학교 문집 〈샛별 동산〉에 써내었던 이야기 몇을 뽑아서 실었습니다. 제 맘속에 품고 있는 말입니다.

며칠 전에 우리 손녀 생일이라고 식구들이 모여서 잘 차린 밥을 먹고 축하하는 선물도 주었습니다. 제가 어릴 적 생일이 떠올랐습니다. 작은방 윗목에 짚 깔고 팥밥 한 그릇 미역국 한 그릇 떠 놓고서, 우리 증조할머니가 손 비비시던 모습입니다.

집에서는 생일이나 혼인, 초상, 제사 같은 잔치나 기리는 날을 뜻있게 지냅니다. 학교에서도 그런 날이 있습니다. 그때마다 교장인 제가 뜻 새기는 이야기를 했습니다. 마치 우리 증조할머니가 손 비비시던 것처럼, 우리 어린이들이 탈 없이 잘 자라서 이 세상의 임자로 살아가게 해 달라고 빌었습니다.

셋째 묶음 '기리는 날, 잔칫날 뜻 새겨보기'에는 그런 이야기를 모아 놓았습니다.

책을 내면서 생각해 보니, '잘 배우는 길'이라는 이름으로 내는 이 책에 실린 이야기가 본디부터 제 것이 아니었습니다. 식구들과 선생님, 벗들이 들려준 이야기였고, 책에서 본 이야기입니다. 제가 잘 받아서 제 마음속에 품고 있었을 뿐입니다.

아무리 맛있는 밥상이 차려져 있어도 제가 먹어야 제 피가 되고 살이 되고 뼈가 되어 제 몸을 건강하게 지켜 줍니다. 이야기도 마찬가지입니다. 잘 받아들여야 제 마음을 맑고 깨끗하게 지켜 줍니다.

아, 이 말은 꼭 해야겠군요. 독이 들어 있는 먹을거리는 먹지 말아야 하고, 마음을 상하게 하는 말은 받아들이지 말아야 합니다. 잘 골라서, 받아들여야 할 것만 받아야 합니다!

이 책에 실은 이야기, 샛별 어린이들에게 선물하였던 것을 이제 여러분에게 선물로 드립니다. 잘 받아 주시겠지요?

어린이가 잘 자라도록 늘 애쓰시는 이주영 선생님이 제 글을 먼저 읽어 보고 도움말을 주셨습니다. 그리고, 현북스 식구들이 애써 주셔서 책으로 나오게 되었습니다.

참 고맙습니다.

2016년 5월 어린이날 아침에

들꽃 주중식

|차례|

머리말 4

물으면 답이 나온다

마음 살리는, 말 _ 16

내 보물 만드는, 일기 쓰기 _ 17

좋은 말 받는, 바르게 듣기 _ 38

좋은 말 나누어 주는, 바르게 말하기 _ 42

마음 건강 지켜 주는, 책 읽기 _ 58

내 느낌과 생각 가꾸는, 느낌글 쓰기 _ 61

이야기 선물
둘

내 맘속에 품은 말

알맹이 있는 글 _ 75

아름다운 꿈 _ 81

가짜에 속지 말자 _ 87

버릇 고치기 _ 93

엄마야! _ 96

그것 참 좋은 생각이다 _ 100

한 가지를 꾸준히 _ 105

먹기 싫으면 숟가락 놓고 일어나거라 _ 109

서로 가르치고 배우는 자리 _ 115

이야기 선물
셋

기리는 날, 잔칫날 뜻 새겨보기

딱딱한 흙 뚫고 올라오는 새싹처럼 삼일절 _ 123

빛과 자유 만세 광복절 _ 132

세상에서 으뜸가는 글자, 한글 한글날 _ 142

믿고 기다리는 마음 입학식 _ 149

마음 가꾸는 공부 이야기 발표 _ 153

즐겁게 살아가는 밑바탕 닦기 독창 발표 _ 156

잘 어울려 내는 아름다운 소리 기악 합주 발표 _ 159

나도 운동 꾸준히 해서 하느님 선물 꼭 받아야지!
가을 운동회 _ 163

생각 폭 넓히고 꿈 키우는 밑거름 수학여행 _ 169

내가 맡은 일 잘하고 있나? 연극 발표 _ 174

일·놀이·공부를 골고루 겨울 방학식 _ 178

아름다운 꿈 이루는 길 졸업식 _ 182

잘 배우는 길 학년 마치는 날 _ 187

이야기 선물
하나

물으면 답이 나온다

인사만 바르게 해도 남이 나를 좋아해

나를 칭찬하는 말

나 [○○○ (내 동무 ○○○)]는(은)
소중한 사람입니다.

귀하고 훌륭한 분입니다.
이 우주, 온 세상, 우리나라, 우리 학교,
우리(자기) 집 보배입니다.

(내 동무, 식구, 선생님, 이웃도 마찬가지)

물으면 답이 나온다

만나서 또는 전화나 편지(쪽지)로 물어보기. 모르는 것, 더 알고 싶은 것을 아는 이한테 물어보거나 책이나 누리그물에서 찾아보기.

마음 살리는 말

선물, 마음 살리는 말

내가 받은 선물은? 내가 준 선물은?

늘 간직하고 싶은 선물은?

_____

몸 건강하게 살리기 위해 가장 먼저 할 일은?

_____

마음 건강하게 살리기 위해 가장 먼저 할 일은?

_____

밥 바르게 먹어서 [   ] 살리고,

말 바로 듣고 바로 해서 [   ] 살리자.

내 보물 만드는 일기 쓰기

일기란?

날마다 기록하는 내 이야기.

기록하는 방법은 글, 그림, 사진, 동영상, 자료 모으기 같은 것이 있어.

이 가운데서 글로 쓰는 일기가 가장 널리 퍼진 까닭은 쓰기가 편하기 때문이야.

어떻게 쓸까?

  첫째, 일기는 학년에 맞는 일반 공책에 써야 해. 일기장 공책은 미리 날짜 요일 날씨 표시가 인쇄되어 있어서 짧게 쓰면 자리가 남고, 길게 쓰면 자리가 모자라니까 일기 쓰기에 맞지 않기 때문이지.

  둘째, 일기는 저녁 먹고 나서 쓰는 게 좋아. 밤늦게 쓰면 잠이 와서 대충 쓰는 버릇이 생기거든.

  셋째, 무엇을 쓸 것인지 글감은 언제든지 떠오르는 대로 '이야기 주머니'(수첩)에 적어 놓았다가 그걸 보고 쓰면 편해. 일기 공책을 펴 놓고 쓸거리를 생각하면 일기 쓰는 시간이 오래 걸리고, 좋은 이야기를 놓치게 돼.

  넷째, 이렇게 써 나가는 게 좋아.

  ① 첫 줄에 날짜, 요일과 날씨를 자세히 쓴다.

  ② 줄을 바꾸어, 줄 한가운데에다 글감(이야기 제목)을 쓴다.

③ 또 줄을 바꾸어, 그 글감으로 남에게 나누어 주고 싶은 이야기를 몇 묶음으로 마음껏 쓴다.

④ 그 밖에 중요한 일은 줄을 바꾸고, ※ 표를 하고서 짤막하게 적어 놓는다. 여러 가지이면 또 줄을 바꾸어서 같은 방법으로 적어 놓으면 돼.

⑤ 다음 날 일기는 두 줄을 비우고 날짜와 요일, 날씨부터 써야 해. 그러면 바뀐 날짜를 얼른 알아볼 수 있어.

나도 내 보물 만들어야지!

일기는 나눌 만한 이야기를 찾아서 날마다 꾸준히 쓰는 것이 아주 중요하다. 그래서 남이 읽어 보아도 알아보기 쉽게 써야 한다.

여러 가지 일 가운데서 한 가지를 글감으로 정하여, 마음 모아, 생생하게, 이야기하듯이 쓴다.

- 번쩍 떠오르는 좋은 생각 / 바로 적어 두면 좋은 글감
- 적어 놓은 말은 / 그대로 이루어진대
- 일기 쓰기는 / 삶을 가꾸는 글쓰기
- 나는 이 우주의 보배 / 일기는 소중한 내 보물
- 남이 볼까 두려운 비밀 이야기보다 / 남에게 해 주고 싶은 아름다운 이야기를

| 일러두기 |

- '우리말과 삶을 가꾸는 글쓰기' 공부는 다섯 달에 걸쳐 모두 열 시간을 하였습니다.
- 이야기를 간추려 정리한 종이 '이야기 선물 알맹이'와 글 쓸 종이를 미리 나누어 주었습니다.
- 아이들은 이야기 들으면서 떠오른 생각이나 물어볼 말을 편지 형식으로 글 쓸 종이에 적어 냈고, 저는 그 쪽지에 답을 써서 그때마다 교실로 보냈습니다.
- 여기서는 부르는 말이 겹친 경우에는 줄였고, 글을 맞춤법에 맞게 고쳤으며, 아이의 이름은 숨겼습니다.

물으면 답이 나온다

> 선생님, 음…, 안녕하십니까?
> 오늘 선생님께서 말씀하신 일기의 소중함이 인상 깊었습니다. 예전에도 다른 선생님께서 일기의 소중함을 말씀하신 적이 있는데, 오늘 들은 일기의 소중함을 듣고 일기의 소중함을 완벽히 깨달은 것 같아 감사드립니다.
> 궁금한 점은 선생님께서는 매일 일기를 쓰시나요?
> (경○○)

응, 일기를 날마다 쓰고 있어. 일기가 소중하다는 것을 알았다니 잘되었고, 이야기 선물 잘 받아 주어서 고맙다.

안녕하세요? 선생님.

제가 물어보고 싶은 게 있는데요. 저의 꿈을 위해서 어떻게 해야 할지 물어보고 싶습니다. (고○○)

아주 남다른 물음을 던졌구나. 내 생각에, 꿈을 네 맘속에 잘 그려 놓고서, 오늘 하루 네가 할 일을 차분히 꾸준히 해 나가면, 꿈은 반드시 이루어지리라 믿는다.

선생님. 안녕하세요.

지금까지 세월 중 선생님이 가장 힘들었던 때가 언제인가요? 그때 어떻게 대처하셨나요? 저는 요즘 미래에 관심이 많아요. 선생님 어렸을 때는 미래에 대한 생각이 어떠셨나요? 제가 요즘 이야기를 쓰고 있어요. 소설을 쓰고 있는데 중간중간에 고민될 때가 많아요. 선생님

> 은 어떻게 글을 쓰셨는지 궁금해요. 역시 글 쓰는 것은 어려운 일이라고 생각해요. 하지만, 중간중간 한 번씩 읽어 보면 정말 기분이 좋아요. 글을 쓰는 것은 정말 즐거운 일인 것 같아요.
>
> 지금까지 제 이야기를 들어 주셔서 감사해요. (김○○)

소설을 쓴다고? 대단하구나! 글로 사람들에게 도움 주는 작가가 되기 바란다.

내가 살아오면서 가장 힘들었을 때는 믿었던 사람이 돌아섰을 때였어. 내가 어떻게 할 수 없는 일이라서 스승님 말씀대로 가만히 지켜보고만 있었어.

어릴 적에 꿈꾸었던 길로 가겠다고 마음먹고 그 길로 나아갔지.

글은 나눌 만한 이야기를 찾아서 누구나 쉽게 알아보도록 쓰는 편이야.

선생님, 반갑습니다. 저는 선생님을 존경해요.

저는 이번 첫 수업을 들으면서 너무 감사했어요. 많은 것을 알게 되고 깨닫게 되었어요. 그리고 저는 일기 쓰는 것을 소홀히 여기고 있었고, 잠이 와서 일기를 대충 썼는데, 이번 수업을 듣고 이야기 주머니를 만들어서 글감을 적어 놓고, 저녁을 먹고 바로 일기를 써야겠다는 다짐을 했어요. 그리고 올바른 우리말도 가르쳐 주셨는데, 잘 응용하겠습니다. 감사합니다.

다음에도 좋은 이야기 많이 해 주세요~ (김○○)

내 이야기 선물 잘 받아 주고, 다음 이야기를 기다린다니 참 고맙다. 일기 꾸준히 쓰고, 나눌 만한 이야기로 이다음에 책도 만들어 보기 바란다.

안녕하세요~ 선생님!

이제 저는 욕, 나쁜 말, 거짓말 등을 하지 않겠습니다.

> 일기도 꾸준히 써야겠다고 생각했습니다. 글들은 제가 잘 쓰지 않는 것 같은데, 독서록, 일기, 글쓰기 등을 꼬박꼬박 열심히 쓰도록 하겠습니다!
> 소로가 누구인지를 모르겠습니다. 소로는 누구인가요? 사람에게는 무엇이 가장 중요한가요? (민○○)

책 읽은 이야기 쓰기, 일기 쓰기, 그 밖에 여러 글을 꼬박꼬박 열심히 써 보겠다고 다짐을 하였으니, 글을 잘 쓰겠네.

소로는 100년도 더 앞에 미국에서 남다르게 살았던 생각이 깊은 사람이야. 이분은 일기를 꾸준히 써서 그 글을 정리하여 책으로 엮어 냈어. 《월든》이라고 숲 속에서 지낸 이야기는 널리 알려진 책이지.

월든 호숫가 공원에 서 있는 소로 동상

사람마다 조금씩 다르게 생각할 텐데, 나는 말이라고 생각해.

소로가 살았다는
작은 집

소로가 거닐었던
월든 호숫가 오솔길

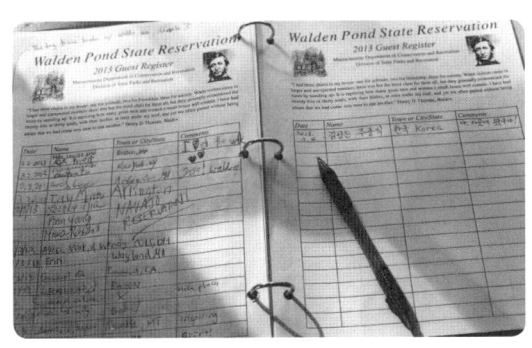

소로 월든 집
방문 기념 기록

> 선생님, 안녕하세요.
>
> 너무 재미있고, 의미 깊은 2시간이 지나갔네요. 선생님께서 들려주신 이야기를 꼭 마음속에 담아 두고 실천할게요. 앞으로 점심시간에 잘 먹고 몸과 마음이 튼튼한 사람이 될게요. 그리고 일기를 쓰면서 저도 저만의 보물을 만들어 볼게요. 예전에는 그냥 귀찮은 일이라고 생각했는데 선생님 말씀을 듣고 나서 일기가 중요하다는 생각이 들고 1~2줄 정도 쓰더라도 정성을 다해서 쓰겠다고 다짐을 했어요.
>
> 앞으로 더 많이 오셔서 다음에는 더 재미있는 이야기를 들려주세요. 오늘 아주 유익한 시간이었어요.
>
> 이야기 들려주셔서 감사합니다. (유○○)

내 이야기 선물을 받고서 일기는 중요하기 때문에 정성을 다해서 쓰겠다고 다짐을 했구나! 그런 네 생각을 참 잘 썼네. 좋아.

교장 선생님, 안녕하세요.

오늘 기억에 남는 것이 있습니다. 그것은 우리말입니다. 다른 중요한 말들도 있지만 제일 기억이 나는 것이 우리말입니다. 이제 저도 우리말을 바르게 사용해야겠습니다. 주중식 선생님, 많은 걸 배웠습니다. 감사합니다.
(윤○○)

들은 이야기 가운데서 우리말이 중요하다는 걸 더 잘 들었구나. 이제부터 우리말을 바르게 잘 쓰겠다니, 참 고맙다.

안녕하세요. 존경하는 선생님.

저는 선생님께서 들려주시는 이야기를 듣고, 제가 고쳐야 할 점, 배워야 할 점을 깨닫게 됐어요. 또 저는 일기 쓰기를 좋아하지 않는데, 선생님께서 하시는 말을 듣고, 일기를 다시 보게 되었어요. 또 앞으론 제가 오늘 배

> 운 것처럼 일기를 잘~ 쓰고 보물로 만들어 갈게요. 또 오늘 해 주신 이야기 정말 저에게는 마음에 와 닿았어요. 그리고 앞으로 남은 수업도 열심히~ 열심히~ 들어서, 꼭~~~ 선생님처럼 다른 사람에게 존경받는 사람이 될게요. 오늘 저와 우리 반 친구들에게 들려주신 이야기 감사합니다! (이○○)

일기를 다시 보게 되었고, 이제부터 일기를 잘 써서 보물로 만들어 가겠다니 참 고맙다. 내가 일부러 교실로 찾아가서 이야기 선물을 나누어 주는 보람이 있구나. 선물 잘 받아 주어서 고맙고 기쁘다.

> 반갑습니다! 주중식 선생님.
> 밥이 중요하다고 하는 것이 인상 깊었어요. 그리고 일기가 보물이고 세상의 빛이라고 하신 것이 인상 깊었어요. 저도 앞으로는 일기를 열심히 써야겠다고 생각했습

니다. 그리고 오늘 이야기 보물 참 잘 들었고, 아주 재미있었어요~. 감사합니다. (이○○)

여러 가지 이야기 가운데서 밥이 중요하다는 것이 마음에 들었구나. 그리고 일기가 보물이라는 말도 마음에 남아, 일기를 열심히 쓰겠다니 참 고맙다.

들꽃 선생님, 안녕하세요?
요즘에는 외국에서 들어온 말, 줄임말을 많이 썼어요. 이 수업을 듣고 주중식 선생님처럼 고쳐 써야 한다는 것을 알았습니다. 우리말을 사랑하고 많이 써야 한다는 생각이 들었습니다. 제가 대구 교회에 다닐 때 이현주 목사님께서 우리 교회에 들르셨습니다. 그때까지는 이현주 목사님이 그렇게 유명하신지 몰랐습니다. 그런데 오늘 선생님께서 말씀하셔서 얼마나 유명하신지 알았습니다. 감사합니다. 멋진 수업 감사했습니다. (최○○)

내가 이렇게 이야기해 주는 것을 멋지다 하고, 앞으로 우리말을 사랑하고 잘 써야겠다니 참 고맙다. 또 이현주 목사님이 너희 교회에 다녀가셨다는 이야기를 듣게 되니 반갑구나.

> 선생님, 반갑습니다.
> 선생님은 항상 저희에게 재미있는 이야기보따리를 풀어 놓아 주셔서 감사합니다. 선생님은 저희 샛별초등학교에서 교장 선생님 생활을 끝내셨지만, 저에게는 여전히 교장 선생님 같습니다. 저는 선생님을 존경합니다.
> 다음에 오셔서 재미있는 얘기 많이 해 주세요.
> (하○○)

네가 나를 지금도 이전처럼 교장 선생님으로 여기듯이 나도 너희를 우리 학교 아이, 한 식구처럼 여기고 있단다. 또 만나자.

선생님, 안녕하세요.

선생님께서 보여 주신 선물 중 무엇이 가장 좋으신가요? 왜 학생들을 가르치러 다닙니까? 일기장을 지금까지 꾸준히 쓰고 있으신가요? 가장 기억에 남는 일기 내용은 무엇인가요? 선생님은 만약 우리나라 보물 1호를 다시 정한다면 무조건 한글이라고 정할 건가요? 다음에는 더 재미있고 인상 깊은 이야기를 해 주세요.

다음에도 와서 이런 수업을 해 주세요. (김○○)

더 아끼는 선물은 아무래도 책이지. 이야기 선물이거든. 그리고 나는 일기를 지금도 꾸준히 쓰고 있어. 더 기억에 남는 일기는 따로 없고, 한 번씩 일기장을 펴 보면 지난날 일이 생생하게 떠올라서 좋아. 나는 우리나라 보물 1호는 훈민정음으로 정해야 한다고 굳게 믿어. 또 만나자.

> 선생님, 안녕하세요.
>
> 1. 어떤 농사를 지으세요?
>
> 2. 유명한 사람을 만났다는 것이 신기하다. (김○○)

쌀, 콩, 참깨, 옥수수, 무, 배추, 당근, 상추, 오이, 대추 토마토, 호박 따위 우리 밥상에 올리는 것을 거의 다 짓고 있어. 이름 있는 분들을 만나 스승님으로 받들며 많이 배우고 따랐다는 것이 참 좋고 큰 복을 받았다고 생각해.

> 선생님, 반갑습니다.
>
> 1. 사람에게 가장 중요한 것은 일기 = 사람의 마음
>
> 2. 우리나라의 보물 1호는 훈민정음(한글)이다.
>
> 3. 이야기 주머니(수첩)에 일기 쓸거리를 써 놓아둔다.
>
> 4. 일기가 끝나도 별표를 쳐서 중요한 이야기를 쓴다.
>
> 선생님 고맙습니다. (노○○)

들은 이야기를 잘 간추려 적었구나. 이야기 선물 잘 받아 주어서 참 고맙다.

> 선생님, 안녕하세요?
> 선생님께서 알려 주신 이야기 선물은 잘 받았습니다. 인터넷의 순우리말을 오늘 처음 알았습니다.
> 좋은 가르침을 주셔서 감사합니다. (전○○)

내 이야기 선물 잘 받아 주고, 좋은 가르침이라고 말해 주니 참 고맙다. 또 만나자.

> 선생님, 안녕하세요.
> 오늘 수업 들으면서 제가 썼던 일기들이 생각났습니다. 7살 땐 일기 쓰는 게 좋았는데 어느 순간부터 일기가 싫고 귀찮고 남에게 보여 주기 싫었는데 이젠 일기도 잘 쓰고 일기를 보물처럼 다루겠습니다. 많은 도움 됐습니다. 오늘 수업해 주셔서 감사합니다. (조○○)

내 이야기 선물이 많은 도움이 되었고 이제부터 일기를 잘 쓰고 보물로 다루겠다니 참 반갑고, 기쁘고, 고맙다.

> 선생님, 안녕하시지요?
> 수업하면서 제가 인생을 어떻게 살아야 할지 가르쳐 주셔서 감사합니다. 우리가 수업한 내용과는 별개이지만 선생님께서 농부이시기에 질문을 합니다. 저의 장래 희망이 곤충학자인데 농사를 지으면서 어떤 곤충들이 이로운지 궁금합니다. 농사를 지으면서 어떤 곤충들이 이로운가요? 좋은 가르침 감사합니다. (주○○)

농사에 바로 도움이 되는 곤충은 뭐니 뭐니 해도 벌과 나비인 것 같다. 꽃가루를 묻혀 주니까. 그런데 무슨 까닭인지 벌 나비가 아주 많이 줄어든 것 같구나. 통신 시설 전자파 때문이라고 하는데, 어떡하면 좋을지? 이 답장을 쓰면서 내가 앞날의 곤충학자하고 이야기를 주고받는 느낌이 드네.

> 참말을 많이 하시는 선생님,
> 선생님은 몸과 마음이 바른 것 같아요. 그리고 인맥이 넓어서 아는 사람도 많네요.
> 선생님은 몸과 마음 중에 무엇이 더 중요한 것 같나요? 선생님은 일기를 자주 쓰고 자세히 쓰나요? (하○○)

몸과 마음 둘 다 중요한데, 굳이 저울질해야 한다면 마음이 조금 더 중요하다고 생각해. 그래, 나는 일기를 날마다 쓰고 자세히 쓰는 편이야.

좋은 말 받는 바르게 듣기

세상 사람이 다 다른 까닭은?

맘속에 품고 있는 말이 다르고, 하는 말이 다르기 때문이다.

말은 곧 그 사람이다.

① 너희는 원수를 사랑하여라 / [   ]

② 시간은 목숨이다 / 공병우

③ 무엇이든 제자리에 / 박지홍

④ 늑대 왔어요 / [   ]

⑤ _____ / [   ]

말을 귀담아들으면,

잘 배우는 사람이 되고,

남이 좋아하는 사람이 되며,

빛을 남기는 사람이 된다.

국어학자 박지홍 스승님께 올린 문안 편지

어떻게 듣는 것이 좋을까?

① 말하는 사람을 쳐다보면서 마음 모아 듣는다. 그래야 말을 잘 받을 수 있어. 마음이 딴 데 가 있으면 무엇을 들었는지도 모르니까.

② 표를 내면서 듣는다. 고개를 끄덕거리거나, 물음에 답하며 듣고, 모르는 것은 손을 들어 물어보는 게 좋아.

③ 허리 꼿꼿이 앉아서 듣는다. 허리가 꼿꼿해야 신경이 잘 통해서 뇌가 일을 더 잘한대.

④ 마음에 끌리는 말은 이야기 주머니(수첩)에 적으면서 듣는다. 적은 내용은 일기장에 옮겨 놓으면 내 삶이 달라져.

받으면 내 것,
안 받으면 주는 사람 것

- 잘 받은 말 한마디로 내 삶이 달라진다.
- 내 마음속에 남아 있는 좋은 말은?

- 듣기 싫은 말은?

- 듣기 싫은, 나쁜 말은 안 받아!
  내 마음에 끌리는, 좋은 말은 잘 받아!
- 우리가 하는 말은 우리가 들은 말이래.
- 좋은 말을 잘 받아 놓아야 좋은 말을 나누어 줄 수가 있어.
- 말을 잘하려면, 먼저 바르게 듣기부터

좋은 말 나누어 주는 바르게 말하기

나누어 주고 싶은 이야기 쓰기

3학년 이야기책이나 들은 이야기에서 나누어 주고 싶은 이야기를 찾아 옮겨 써 본다.

6학년 자기가 해 본 일을 바탕으로 나누어 주고 싶은 이야기를 '주장하는 글(논설문)'로 써 본다.

어떻게 말하는 것이 좋을까?

① 듣는 사람을 바라보며, 자연스럽게 말한다. 그래야 내가 하고 싶은 말을 제대로 전할 수 있어. 듣지 않는데 아무리 좋은 말을 해도 소용이 없거든.

② 우리 토박이말을 살려서, 알맞은 목소리로 또박또박 말한다. 어려운 말, 상스러운 말을 듣고 싶어 하는 사람은 없어. 또, 목소리가 너무 크거나 작지 않아야 알아듣기 쉽고, 또렷하게 말해야 뜻을 바르게 전할 수 있지.

③ 하고 싶은 말 쪽지를 한번씩 보면서 차근차근 말한다. 이야기 주머니(수첩)나 쪽지에 꼭 하고 싶은 말을 적어서 하면 할 말을 빠트리지 않게 돼.

④ 듣는 사람에게 도움되는 이야기를 정성껏 말한다. 듣는 사람에게 도움되는 참말을 찾아 나누어 주는 마음으로 말해야 돼. 좋은 말 한마디는 값지고 귀한 선물이니까.

좋은 말 나누어 주는
참 이야기꾼으로 살아가기

- 좋은 말 나누어 주며 살아가는 사람,
  말 잘하는 참 이야기꾼

- 참 이야기꾼으로 살아가야지,
  아름답게 살아가는 길이니까.

- 늘 웃는 얼굴로, 나에게도 칭찬하면서,
  내가 말하는 대로 살아가야지!

주중식 선생님께

주중식 선생님, 안녕하세요? 저는 김혜민입니다.
3월부터 쭉 선생님 수업을 들어왔습니다.
시쓰기와 일기쓰기, 듣기 말하기 등 등 유익한 이야기보따리를 선물해주셨는데
정말 감사합니다. 그리고 '태블릿 PC'를 '손품터'로 'E-Mail'을 '누리편지'로
바꿔 부르시는 것을 보고 저도 그렇게 불러야 겠다고 생각했어요.
저도 그런 방법으로 말할 수 있도록 노력을 해야겠어요.
평소 선생님께서의 생활모습도 본 받고 싶어요.
선생님께서 가르쳐주신 대로 실천하는 사람이 될께요.
오랜만에 편지를 써서 살 쓰지 못했는데, 너그럽게 읽어주세요.
이야기보따리를 선물해 주셔서 감사합니다.

2015년 11월 11일, 샛별초등학교 에서

김혜민 아룀 (6학년 1반 6번)

물으면 답이 나온다

선생님, 안녕하세요? ^^

거의 한 달 만이네요. 저번 시간에는 시간이 별로 없어서 짧게 썼는데 이번엔 조금 더 길게 쓰려고 해요. 음…. 제가 사춘기라서 그런 건지는 모르겠는데 요즘 짜증 내는 일이 많아졌어요. 엄마 아빠와 싸우는 일도 종종 생기고요. 아, 그리고 오늘 바르게 듣고, 말하기를 배웠는데…. 하하. 제가 욕은 좀 씁니다. 예전보다는 많이 적게 쓰죠. 제가 욕을 기분 띄워 주려고 하는 거라서 기분 좋게 듣는 애들이 많은데 가끔은 기분 나빠하더라고요. 이럴 땐 어떻게 해야 하죠?

다음 만남이 기대되네요. 항상 좋은 말씀 주셔서 감사드립니다. (경○○)

기분 띄워 주는 욕이라도 안 하는 게 좋을 것 같다. 언제 누가 언짢아할지 모르니까.

> 선생님, 안녕하세요?
> 선생님, 제가 물어본 질문에 답해 주셔서 감사합니다. 제가 제 꿈을 위해 유도를 하고 있는데요, 요새 유도가 하기 싫어졌어요. 어쩌면 좋아요? (고○○)

꿈이더라도 하기 싫을 때가 있지. 그럴 때는 급하게 서두르기보다는 조금 기다려 보는 게 좋을 게다. 그러면 저절로 답이 나타나거나 문제가 풀리기도 하거든.

> 선생님, 안녕하세요?
> 오늘도 재미있는 수업을 해 주셔서 감사합니다. 제가 책을 읽는 것을 좋아하는데요. 좋은 이야기를 한눈에 알아보는 방법이 있나요? 그리고 긴 글을 읽을 때 핵심을

> 집어서 읽는 방법이 있나요? 그리고 수업 시간에 공병우 선생님께서 시간은 금이라고 하셨다고 말해 주셨는데 선생님도 시간을 아끼려고 한 일이 있나요? 있다면 무엇인가요?
>
> 저번에 썼던 편지에 답장을 써 주셔서 감사합니다. 안녕히 계세요. (김○○)

책을 읽다 보면 마음에 끌리는 말이 있거든. 그게 나한테 좋은 말이라고 보면 돼. 긴 글 읽고 그 알맹이를 찾아내는 것은 연습이 필요해. 많이 읽고 중심

공병우 박사가 발명한 한글 3벌식 타자기 익히기

말 찾는 연습을 해 보아야 해. 내가 시간 아끼려고 한 일은, 내가 꼭 가지 않아도 되는 곳에 가지 않는 것이고, 한글을 3벌식 글자판으로 빨리 치니까 시간을 아끼게 돼.

교장 선생님, 감사합니다. 저에게 이런 소중한 이야기 보따리를 주셔서 정말 감사합니다. 저도 선생님처럼 뭐든지 잘하고 올바르게 정리하고 싶지만 그게 잘 안 됩니다. 어떻게 하면 될까요? (김○○)

내가 뭐든지 잘하는 사람으로 보이니? 그렇지 않아. 늘 맘먹고 정리도 하면서 살아가지만 잘 못할 때도 있어. 그러니 한두 번 잘 안 된다고 걱정할 것 없어. 맘먹고 하면 언젠가는 잘하게 되니까.

선생님, 안녕하세요?
저는 저번에 소설에 대해 물어봤던 아이예요. 오늘도

좋은 이야기 선물을 주셔서 감사합니다.

　선생님, 요즘 아이들이 나쁜 말을 하고 우리말을 쓰지 않는 것 같아요. 그럴 때 어떻게 말려야 하죠? 그리고 안 쓰려고 노력해야 할까요?

　선생님, 그런 이야기는 어떻게 알게 되셨나요? 저도 그런 뜻깊은 이야기를 알게, 느끼게 될 수 있을까요? 선생님께서 듣기가 중요하다고 하셨잖아요. 저도 듣는 연습이 필요할 것 같아요. 듣기가 잘돼야 모든 것을 시작할 수 있다고 생각하기 때문이에요. 하지만, 말하는 것도 중요하다고 생각해요. 자기의 생각을 표현하고 말할 수 있어야 한다고 생각하기 때문이에요. 전 그 두 가지를 얻기 위해 노력할 거예요. 지금까지 저의 이야기를 들어주셔서 감사해요. (김○○)

　남의 말을 잘 듣는 사람이면 바른말 좋은 말 쉬운 우리말을 쓰는 것이 좋다고 말해 주고, 그렇지 않은 사람한테는 네가 그런 말을 쓰면서 본 보일 수밖에 없어. 이런 말은 우리 스승님 책에서 보았거나 들어서 알았어. 물론 너도 그런 책을 찾아 읽으며 배우고 익히면 잘할 수 있어.

교장 선생님, 안녕하세요?
선생님, 답장을 주셔서 감사합니다. 오늘도 유익한 시간이 되었어요. 앞으로는 바르게 듣고 바르게 말하기를 제 생활 속에서 꼭 실천할게요. 그리고 우루과이 대통령 이야기를 할 때 정말 깜짝 놀랐어요. 그리고 2번째 동영상은 재미있고 웃겼어요. 근데 뒤에 보니, 그 할아버지가 새삼 다르게 느껴졌어요. 앞으로도 많이 오셔서 더욱더 유익한 이야기를 많이 들려주세요. 오늘 감사했어요. 들꽃 주중식 선생님. (유○○)

그분 참 멋쟁이 할아버지야, 그치? 나한테 고맙다는 네가 나도 참 고맙다.

> 안녕하세요. 선생님, 제일 떠오르는 말이 있습니다. 바로 '받으면 내 것, 안 받으면 주는 사람 것'이라는 말입니다. 저는 가끔 저한테 욕을 하는 사람을 봐요. 그 사람을 보면 화가 나고 짜증이 납니다. 이제부터 그 말을 받지 않으면 된다는 것을 기억하겠습니다. 수고하셨습니다. (윤○○)

'받으면 내 것, 안 받으면 주는 사람 것'이라는 이 말을 네가 받으니까 네 것이 되었지? 나도 오래전에 이 말을 우리 스승님한테 받았어. 그래서 내 것이 되었지.

> 선생님, 안녕하세요?
> 선생님이 키우시는 농작물은 무엇인가요? 선생님은 어떤 사람입니까?
> 이상으로 말을 마칩니다. 존경합니다. (김○○)

벼농사를 비롯하여 참깨, 콩, 땅콩, 옥수수 같은 곡식하고, 무, 배추, 당근, 양파, 상추, 오이, 토마토, 호박, 수박 같은 남새를 가꾼단다. 내가 어떤 사람이냐고? 그건 네가 말해 주어야 할 것 같구나.
사랑한다.

가을걷이로 거둔 나락을 플라스틱 당그래로 골고루 펴 준다.

땅속에 갈무리해서 겨우내 먹을 당근

> 선생님, 안녕하세요?
> 저번에 순우리말을 말해 주셨는데 어떻게 순우리말을 알게 되셨나요?
> 시간은 목숨이라고 하셨는데 공감합니다. (김○○)

순우리말 공부는 학교 다니면서도 하였고, 교사로 지내면서 스승님한테 배우거나 책으로 많이 배우고 익혀서 알게 되었지.

> 존경하는 주중식 선생님께
> 선생님, 이번에도 저희에게 말씀해 주셔서 감사합니다.
> 바르게 듣는 것은 내게 좋은 말을 잘 듣는 것이다. 바르게 말하는 것은 듣는 사람에게 좋은 말. 잘 듣는 것은 귀 기울여 듣는 것. 그렇게 하면 바르게 잘 배우는 사람, 상대방에게 좋은 말을 하자. 잘 듣는 사람이 되면 위인

이 된다. 억지로 말할 필요 없다. 시간을 아껴라. 시간은 생명이다. 들꽃, 너를 닮고 싶구나. 원수를 사랑하라. 쓴 것은 제자리로.

좋은 이야기 선물 감사합니다. 상한 말을 하면 마음을 상하게 한다. (노○○)

이야기 선물 잘 받아 주어서 참 고맙다.

안녕하세요, 선생님! 선생님의 이야기보따리 속 사진, 동영상을 잘 받았습니다. 선생님께서 생각하는 예술은 무엇인지 궁금합니다. 감사합니다. (전○○)

아름다움을 말과 놀이로 나타내는 것으로 생각한다. 글, 노래, 그림, 영화 같은 여러 갈래가 있지.

> 신비로운 일을 많이 겪은 선생님,
>
> 선생님은 축복받은 사람 같으세요. 왜냐하면, 평범하게 살지 않고 특별한 인생을 살아와서 경험도 많고 지식도 많으니까요. 선생님은 들꽃 말고 또 다른 것이 되고 싶나요? 선생님은 들꽃이 왜 되고 싶나요? (하○○)

'들꽃, 너를 닮고 싶구나' 노랫말에 쓴 대로야. 논둑길 밟으며 살면서도 화려한 것 부러워하지 않고, 괴로움이 닥쳐도 웃으며 살아가고, 내가 지닌 이야기를 선물로 나눠 주고 싶어서란다.

어린이에게 주는 시 '들꽃, 너를 닮고 싶구나'에
고승하 선생님이 곡을 붙여 노래를 만들었다.

마음 건강 지켜 주는 책 읽기

책 이야기

① 아끼는 책은?

_____

② 읽은 책(글)에서 맘속에 남아 있는 한 구절은?

'오늘 청소는 …' '죽으면 썩을 살 …'

[_____]

③ 책이란?

_____

④ 책 만들기

책은 왜 읽어야 하나?

① 몸을 건강하게 하려면 먼저 밥 잘 먹어야 하지. 마음을 건강하게 하려면 책을 잘 읽어야 해. 책에서 좋은 말을 받을 수 있으니까.

② 우리가 바른길로 살아가도록 이끌어 주시는 분을 스승이라고 하지. 그러므로 책은 우리 스승이야. 누구나 마음만 먹으면 책에서 스승을 만날 수 있어. 수백 년 전에 살았던 분이나 나라 안팎에 멀리 떨어져 있는 분이라도 스승으로 모시고 배울 수 있으니 얼마나 좋아. 책을 읽으면 훌륭한 스승이 언제 어디서나 내 곁에 계셔.

* 한마디로, 책은 마음 건강 지키려고 읽는다.

어떻게 읽어야 할까?

① 도움이 될 책을 골라야 해. 마음을 어지럽게 하는 해로운 책도 많기 때문이야. 왜 읽고 싶은지, 누가 썼는지, 어느 출판사에서 냈는지를 잘 살펴서 골라야 해.

② 바르게 앉아서 책 받침대를 놓고 읽는 게 좋아. 엎드려서 읽는 것보다 오래 읽을 수 있으니까.

③ 마음에 드는 말이 나오면 보물 상자(책 읽기 공책)에 옮겨 적어야 해. 적어 놓은 이 말은 보물이 되어 오래오래 내 삶에 도움을 주니까. 책 이름, 읽은 날짜, 보물 찾아낸 쪽수도 적어 놓으면 좋아. 이를 두고 '책 읽고 보물 만들기'라 하지.

* 그 밖에, 책은 먼저 전체 내용을 쓱 훑어보고 차근차근 읽어 나가는 게 좋고, 여행할 때도 책을 갖고 다니면서 자투리 시간에 읽는 것도 좋겠지.

* 한마디로, 마음 건강에 도움이 되는 책을 골라 보물 만들면서 읽는다.

내 느낌과 생각 가꾸는 느낌글 쓰기

느낌글 맛보기

이야기 듣고, 영화 보고, 책 읽고, 뉴스 보고 쓴 느낌글

느낌글이란?

살아가면서 부딪치는 일이나 물건에 대한 느낌이나 생각은 사람마다 달라. 이런 느낌이나 생각이 드러난 글을 느낌글이라고 해. 다른 말로 감상문이라 하지. 책 읽은 느낌글(독서 감상문), 영화 본 느낌글(영화 감상문), 어떤 일에 대한 내 느낌과 생각을 적은 그 밖의 느낌글(여러 가지 감상문)이 있어.

※ 한마디로, 느낌글 쓰기는 내 느낌과 생각을 소중히 여기고 가꾸는 공부다. 일기는 생활글이라 하는데, 느낌과 생각이 드러나게 쓰면 느낌글이 돼.

어떻게 쓸까?

① 책 읽고 나서, 영화를 보거나 이야기 듣고 나서 느낌과 생각을 써 본다.

② 살아가면서 보고 듣고 겪는 온갖 일, 그리고 뉴스에 나오는 큼직한 사건에 대하여도 내 생각이나 느낌을 써 본다.

③ 한 걸음 더 나아가, 우리 겨레와 인류가 함께 풀어야 할 문제에 대해서도 내 생각과 느낌을 써 보면 좋겠다. 이런 사이에 이 지구별의 주인으로 살아가는 태도를 지니게 되거든.

* 다른 사람 말에 따라가지 말고, 내 맘속에 떠오르는 느낌과 생각을 꾸밈없이 써야 한다.
* 여러 날에 걸쳐서 책을 읽거나 영화를 보거나 이야기를 들을 경우에는, 느낌과 생각을 그때그때 적어 두었다가 나중에 한 편으로 다듬어서 쓰도록 한다.

책을 벗 삼아,
보물 상자 채우며 살아가기

- 책 가까이!
  텔레비전(바보상자), 스마트폰(허수아비 장난감) 멀리!

- 모르는 문제의 답이나 사람답게 살아가는 길도 책에서 찾아본다.

- 내 느낌과 생각을 소중하게 여겨야 내 삶의 주인으로 남다르게 살아갈 수 있다.

물으면 답이 나온다

> <뿌리>라는 단편 동영상을 보며, 그 노예 취급당하는 자신의 인권이 있는 흑인들의 고통이 느껴졌습니다. 수많은 무차별한 학대 속에서 수많은 불쌍한 영혼들이 느껴집니다.
> 그 영혼들을 위해 뭔가를 해 주고 싶지만 어떻게 그 영혼을 달래나요? (김○○)

그 아픔을 느끼는 네 마음, 참 따뜻하구나. 그런 억울한 영혼을 달래는 길은 지금 내 주위에서 그와 비슷한 일이 생기지 않도록 하면 되지 싶어.

> 책을 읽는 게 재미있고 더 읽어야 할 것 같아요. 느낌글을 쓰기 귀찮으면 어떻게 해요? (김○○)

느낌글 쓰기가 왜 귀찮을까? 마음은 뻔한데 쓸 게 없어서 그런가? 오늘 써 본 것처럼 한 줄이라도 쓰면 돼. 처음부터 남처럼 길게 써야 하는 건 아니니까. 내 느낌대로 한두 줄이라도 써 보는 것이 중요해. 꾸준히 하다 보면 귀찮은 마음도 사라질 거야.

좋은 책을 소개해 주셔서 감사합니다.
농사와 책 읽기를 안 할 때는 무엇을 하시나요? (박○○)

여행하면서 찍은 사진으로 영화 만들기를 해 보기도 하고, 쓴 글을 다듬기도 하지.

오늘 이 수업을 하면서 책 읽기를 많이 하여 마음 건강을 지켜야겠다는 것을 생각했습니다.
오늘 이 수업을 하면서 느낌글 쓰기가 내 마음에 큰 양식이 되는지 알고 싶습니다. (변○○)

책 읽기는 마음 양식이 되어 마음 건강을 지켜 주고, 느낌글 쓰기는 내 생각과 느낌을 소중하게 가꾸어 가는 것이란다.

> 저도 앞으로는 컴퓨터, 텔레비전을 더 줄여야겠네요.
> 만화책에서도 좋은 말이 많이 있나요? (정○○)

좋은 말은 글 책에 있고 만화책이라고 없는 것은 아니지. 누가 썼느냐에 따라 글만으로 된 책에도 나쁜 말이 들어 있고, 만화책에도 좋은 말이 들어 있어.

> 오늘도 선물 주셔서 감사합니다.
> 다음번에는 무슨 선물을 주실 건가요? (홍○○)

시 맛보기와 시 쓰기 이야기를 선물로 줄 거야.

내 식대로 살아가야 내 인생이라는 말이 인상 깊었습니다. 느낌글에 대해 더 자세히 알게 되었고요.
느낌글을 쓸 때 무슨 주제로 써야 할지 모르겠을 때는 어떡해요? (강○○)

어떤 일을 보고 듣고 겪었을 때에 어떤 생각을 하였고 어떤 느낌이 들었는지, 책을 읽거나 영화를 보았을 때 무슨 생각을 하였고 어떤 느낌이 들었는지 그것을 쓰면 느낌글이 되지. 그러니까 주제는 일이나 책, 영화에 따라 다 다르겠지?

저도 책을 많이 읽고 보물을 많이 만들고 싶습니다.
선생님의 옛날 꿈은 무엇이었나요? 그리고 어릴 적에도 글쓰기를 좋아하셨나요? 그리고 도움이 되는 책이란 무엇인가요? (권○○)

어릴 적 내 꿈은 선생님이 되고 싶은 것이었고, 그

때도 일기를 꾸준히 썼으니 글쓰기를 좋아한 셈이지. 도움이 되는 책은 사람마다 나이에 따라 좀 다르겠지? 그런 책을 찾으려면 담임 선생님과 부모님, 책을 즐겨 읽는 사람한테 물어보는 것이 좋아.

> 스마트폰을 쓰는 건 어리석은 짓이라고 해서 이해가 되지 않았어요. 그리고 하품도 많이 했어요. 또 스마트폰이 허수아비 장난감이라고 해서 이해가 되지 않았어요. 왜 스마트폰을 사용하는 것이 어리석은 짓인가요?
> (김○○)

스마트폰으로 게임이나 하고 무슨 영상이나 보고 있으면 시간 가는 줄 모르지. 그래서 해야 할 다른 일을 못 하게 되니까 어리석지.

> 이제부터 느낌에 대한 여러 가지 글을 써야 하겠다는 생각이 들었습니다.

내 느낌을 드러내면서 친구에게 반박할 수 있는 방법이 무엇인가요? (박○○)

도서실 옹달샘에 가서 《토론하는 교실(여희숙 씀)》을 빌려 보기 바란다.

어렵다고 생각했는데 보니까 어떻게 쓰는지 알게 된 거 같아요.

요즘 농사 잘되고 있나요? 우리 아빠는 아로니아 농사를 하고 있어요. 잡초도 뽑아야 하고, 잎도 따 주어야 해서 너무 힘들어요. 선생님은 어떤 채소나 과일을 키우시나요? (윤○○)

아버지가 농사를 하시니 농사에 대하여 아는 것이 많겠구나. 우리는 쌀, 콩, 옥수수, 무, 배추, 상추, 오이, 호박 같은 곡식하고 채소를 주로 짓고 있단다. 우리가 지은 것으로 밥해 먹고 반찬을 만들지.

이렇게 말린 무청은 이듬해 여름까지 먹는다.

> 선생님께서 말씀하신 스마트폰은 허수아비 장난감이라는 표현이 재밌다고 생각합니다. 또 저는 스마트폰이나 휴대폰이 없는데 안 사 주시는 저희 부모님이 멋진 분들이라는 생각이 들었습니다.
>
> 저는 책 읽기를 무척 좋아하는데, 책을 좀 편식하는 것 같습니다. 편식을 안 하는 방법이 없을까요? 선생님은 책을 편식하지 않으세요? (이○○)

텔레비전이나 인터넷에서 내게 도움이 될 만한 좋은 프로그램이나 사이트를 골라서 보아야 하듯이, 책도 도움이 될 좋은 책을 골라서 읽어야 해. 그런 점에서 편식은 괜찮을 것 같아.

> 쉬는 시간까지 들어서 살짝 힘들기는 힘들었지만 이야기를 조금 더 듣고 싶은 마음도 드네요.
> 계속 궁금했는데 선생님께서는 쓰기 공부나 저희 수업을 할 때 알려 주신 것들 언제 다 알았어요? (정○○)

학교에서 아이들하고 지내는 동안 글쓰기와 말하기 듣기, 책 읽기에 대하여 더 깊이 공부하면서부터 차차 알게 되었어. 지금도 이 공부를 계속하고 있어.

> 글이 많은 책은 읽기가 싫고 오래 읽지 못하는데 어떻게 해야 책을 오랫동안 읽을 수 있을까요? (정○○)

먼저 이해하기 쉬운 책부터 읽기 시작해서 책 읽기에 재미를 붙이는 것이 좋겠다. 《옛이야기 보따리(서정오 씀)》는 글이 많은 두꺼운 책이지만 재미있는 이야기라서 책 읽기에 재미를 붙이는 데 도움이 될 거야.

이야기 선물
둘

내 맘속에 품은 말

알맹이 있는 글

 이번 겨울 방학 때는 샛별 어린이들 글이 담긴 《샛별 동산》 창간호 원고 디스켓을 받아서 살펴보는 일로 여러 날을 보냈습니다. 먼저 모든 글을 한데 모아 편집 본에 맞게 정리한 다음, 글 한 편 한 편을 읽어 나갔습니다.

 좋은 글이란, 첫째, 읽을 맛이 나야 하고, 둘째, 글 속에 그 사람한테 어울리는 삶을 찾아볼 수 있어야 하며, 셋째, 하고 싶은 이야기를 제대로 표현한 것이어야 합니다. 알맹이가 있는 좋은 글은 우리 마음을 뭉클하게 하고, 오래오래 우리 삶을 참되고 바르게 이끌어 줍니다. 그래서 이런 글을 두고 가치 있는 글이라 합니다.

우리 샛별 어린이들이 쓴 글을 읽어 보니, 읽을 맛이 나는 알맹이 있는 글이 있는가 하면, 이게 무슨 이야기인지 도무지 알 수 없는 글도 있었습니다. 아무리 보아도 그 학년에 어울리는 삶이 없는 글을 읽을 때는 마음이 좀 답답하였습니다. 하지만, 한편으로는 그럴 만한 까닭이 있겠지, 처음 해 보는 일인데 하면서 욕심을 내지 않기로 하고 끝까지 읽어 보았습니다.

어떤 글은 읽고 나서 한참 지났는데도 그 이야기가 생생하게 머리에 떠오르는데 어떤 글은 그렇지 않습니다. 어째서 이런 차이가 날까요?

그것은 이야기할 만한 삶이 없거나, 있어도 글감을 찾아내고 얼거리를 짜서 써 나가는 힘이 모자라기 때문입니다. 알맹이 있는 글은 알맹이 있는 삶에서 나오기 때문에 마지못해 쓴 글에서는 알맹이를 찾아보기 어려울 건 뻔하지요.

그러면 알맹이 있는 글은 어떻게 써야 할까요?

첫째, 말로 하는 이야기가 곧 글이라는 것을 알아야 합니다.

우리는 아침에 일어나 밤에 잠자리에 들 때까지 깨어 있는 동안 틈만 나면 이야기를 주고받습니다. 누구나 하루하루 살아가면서 보고 듣고 겪은 일을 끊임없이 이야기하는데, 그 이야기를 글자로 옮겨 놓으면 바로 글이 됩니다. 그 이야기를 일기장에 적으면 일기글이고, 그 일을 겪을 때의 감동을 짧은 말로 나타내면 시가 됩니다. 서사문, 설명문, 감상문, 기록문, 논설문도 조금씩 다른 모양으로 나타냈을 뿐이지 하고 싶은 말을 글자로 옮겨 놓은 점에는 다를 것이 없습니다.

그러므로 어떤 글이든지 그 속에 이야기가 들어 있어야 합니다. 그게 알맹이입니다. 그게 빠진 글은 쭉정이 글이고 읽어도 아무 맛을 느낄 수 없게 되지요.

둘째, 하고 싶은 이야기가 무엇인지 뚜렷해야 합니다.

혼자 중얼거리는 말은 이야기로는 가치가 없고, 남이 들어 주어야 이야기가 됩니다. 그러니 이야기를 할 때는 남이 들을 만한 이야기인가를 생각해 보아야 합니다. 마찬가지로 여러 사람이 읽어 보게 될 글은 나에게는 물론 남한테 도움이 될 만한 가치가 있는가를 따져 보아야 합니다.

가치 있는 글이라고 해서 꼭 착한 일을 해서 칭찬받았다는 이야기를 쓴 것만은 아닙니다. 잘못해서 혼난 일, 큰일 날 뻔했던 일, 좋은 뜻을 세워 실천하면서 어려웠던 일, 새롭게 보고 들었거나 책에서 읽은 이야기 가운데서 함께 생각해 볼 만한 이야기들은 읽는 사람에게 도움이 됩니다. 그런 글이 좋은 글입니다.

셋째, 작은 이야기를 찾아서 이야기하듯이 쉽게 쓰는 것이 중요합니다.

어떤 글이 좋은 글인지는 알겠는데 그래도 글을 쓰기가 어렵다고 말하는 사람이 있습니다. 그것은 너무 큰 이야기를 써서 남에게 잘 보이려고 하는 마음을 가지고 있기 때문입니다. 처음에는 작은 글감을 찾아서 가까운 사람한테 이야기하는 마음으로 써 보는 것이 중요합니다.

나는 다 알고 있더라도 어떤 일을 겪을 때의 사정을 자세히 설명하듯이 쓰고, 누가 한 말은 그대로 따와서 넣으면 아주 실감 나는 글이 됩니다. 그리고 내가 쓰는 말투를 살려 쓰고, 쉬운 우리말로 쓰도록 해야 합니다. 그래야 누구나 잘 알아볼 수 있거든요.

그렇게 쓴 글이라 하더라도 반드시 다시 읽어 보고 할 말이 빠졌다 싶으면 찾아서 보태고, 틀린 말이나 군더더기는 빼내어 바른 글이 되도록 여러 번 고쳐야 합니다.

넷째, 글쓰기 공부 책도 구해서 읽고 꾸준히 써 보는 노력이 뒤따라야 합니다.

컴퓨터 게임이나 텔레비전 만화는 날마다 알뜰히 챙기면서, 글쓰기 공부는 일주일에 한 시간도 하지 않고서 어렵다고만 합니다. 시 쓰기 공부나 그 밖에 글쓰기 공부를 하는 데 도움이 될 책을 한 권 사 보는 것은 돈이 아깝고, 일기나 편지조차 쓰기를 싫어하면 글쓰기가 어려울 수밖에 없지요.

시작이 반이라는 말이 있습니다. 무얼 해 보겠다고 마음먹고 시작하면 벌써 반은 이루어 놓았다는 뜻인데, 《샛별 동산》 창간호가 나오는 것만 보더라도 이 말은 참말입니다.

알맹이 있는 글쓰기 공부도 오늘 시작해 보세요. 그렇게 하면 이미 반을 이룬 것이 됩니다.

('샛별 동산' 창간호, 1999)

아름다운 꿈

　시작이 반이라는 말이 있습니다. 말만을 가지고 따져 보면 이 말은 틀린 말이지요. 어떤 일을 이제 시작했는데 어째서 반을 이루었다고 할 수 있겠습니까? 하지만, 틀림이 없는 말입니다. 어떤 일을 시작했다는 것은 그 일을 해 보겠다는 그 사람의 마음이 들어 있기 때문에 그 일은 꼭 이루어지게 되어 있으니까요. 이 말대로면 앞으로 이루고자 하는 꿈도 가지기만 하면 반은 이룬 것이라고 할 수 있습니다. 다른 사람은 어떤지 몰라도 저는 초등학교 4학년이었던 때에 가졌던 꿈을 이루어 지금 초등학교 선생이 되어 있으니까요.

한 학년을 마칠 무렵에 저는 2학년 우리 반 아이들한테 꿈을 가져야 한다는 이야기를 하게 되었습니다. 사람은 꿈을 가지고 살아가면 그 꿈을 이루게 된다며, 제 이야기도 해 주면서 아이들한테 이다음에 어떤 일을 하고 싶은지 그 꿈을 쪽지에 써 보라고 하였어요. 아이들은 늘 생각하고 있었다는 듯이 오래 생각하지 않고 금방 써서는 저한테 가지고 나왔습니다. 판사, 의사, 초등학교 선생님, 유치원 선생님이 되겠다는 아이가 있는가 하면, 대통령이 되겠다는 아이도 있었어요. 디자이너나 간호사가 되겠다는 꿈을 가진 아이도 있고, 과학자가 되어 태양열로 움직이는 자동차를 만들겠다는 아이도 있었습니다.

"그래, 좋은 꿈을 가졌구나. 좋아, 좋아."

저는 아이들의 꿈이 이루어지기를 바라며 머리를 쓰다듬어 주었지요. 그런데 아이들 가운데는 텔레비전 방송 탤런트가 되거나 가수가 되어 여러 사람한테 인기를 얻고 싶다고 쓴 아이가 많았습니다.

쉬는 시간을 알리는 종이 울리는데 한 아이가 마지막으로 꿈을 쓴 쪽지를 가지고 나왔어요.

'나는 아버지가 돌아가시고 나면 아버지가 하시던 일을 하겠습니다.'

저는 그 아이가 쓴 글을 보고 참 반가웠습니다. 이렇게 쓴 아이는 처음 만났거든요. 그다음 시간에 저는 꿈이야기를 좀 더 해야 되겠다 싶어서 말문을 열었습니다.

"지난 시간에 여러분이 써서 보여 준 꿈을 죽 살펴보았는데, 마지막에 나온 동무의 꿈이 제 마음에 들어서 여러분한테 좀 소개하고 싶습니다."

이러면서 아이들을 둘러보니, 다른 아이들은 모두 그 아이의 꿈이 무엇이기에 선생님이 이야기해 주시려 하는 걸까 싶어서 눈을 반짝이며 저를 쳐다보았습니다.

"이 아이의 꿈은 아버지가 하시는 자동차 배터리 점일을 물려받아서 하는 것이랍니다. 어쩌면 이런 생각을 했는지 참 놀랍습니다. 떳떳하게 일해서 먹고 살아가는 꿈은 부끄러운 것이 아니라 아주 자랑스러운 것이지요. 그리고 틀림없이 이룰 수 있으니 얼마나 마음 편하고 좋아요. 또 어릴 적부터 심부름도 하고 조수 노릇도 하면서 아버지가 하시는 일을 가까이서 잘 보고 익혀 두면 이다음에 일을 맡아서 할 때는 아버지보다 더 잘할 수 있을 것입니다."

제가 말을 꺼낼 때는 귀를 막고 있던 그 아이도 손을 내리고 가만히 듣고 있었습니다.

"그런데 오늘 여러분이 써서 보여 준 꿈을 보니, 텔레비전 방송 탤런트가 되고 싶다거나 가수가 되어 사람들한테 인기를 끌고 싶다고 한 사람이 많았습니다. 나는 은근히 걱정됩니다. 그런 꿈을 가진 사람이 옆 반에도 그만큼은 있을 테고, 다른 학년에도 있을 것이고, 우리 거창뿐만 아니라 서울, 부산 같은 데 사는 그 많은 아이 가운데서도 그런 꿈을 가진 아이들이 한 교실에 이만큼은 있을 테니 이를 어쩌면 좋아요. 그중에서 몇 명은 꿈을 이루겠지만, 나머지는 다 꿈을 이루지 못할

게 틀림없습니다. 꿈을 이루면 좋겠지만, 이루지 못하면 얼마나 마음이 아플까요."

아이들이 마음속에 지닌 꿈을 제가 이래라저래라 할 일은 아닙니다. 그래서 이루지 못할 꿈이나 겉보기에 화려해 보이는 무지개 꿈은 일찌감치 버리고 처음부터 실속 있고 남에게도 도움이 되는 꿈으로 바꾸는 것이 좋겠다는 제 생각을 은근히 둘러서 말해 줄 수밖에 없었습니다.

사람들은 오늘보다 나은 내일을 꿈꾸며 살아갑니다. 그 꿈을 이루기 위해 학생들은 눈까풀에 무겁게 퍼붓는 잠을 참아 내며 공부를 하고, 어른들 역시 어렵고 힘든 일도 참고 견디며 해냅니다. 우리에게 꿈이 없다면 얼마나 서글플까요? 아이들뿐만 아니라, 어른들도 꿈을 가지고 있을 때 건강하게 살아가지 싶습니다.

그러나 겉보기에 근사한 것을 좇는 꿈이거나 자신의 능력을 생각하지 않은 일을 꿈꾸고 있을 때 자칫 불행을 불러들일 수 있습니다. 그러므로 내가 지금 꿈꾸고 있는 것이 내가 이룰 수 있는 것인지, 내가 그 꿈을 이루었을 때 나 자신은 물론 내 이웃과 나라에 얼마나 도움을 주는 것인지도 한번 꼼꼼히 따져 보아야 할 것입니다.

('샛별 교육' 3호, 1997)

가짜에 속지 말자

저는 우리 옛이야기(전래동화) 읽기를 좋아합니다. 옛이야기는 다른 이야기보다 재미가 있고, 바르게 살아가도록 이끌어 주는 귀한 가르침이 들어 있어서 읽을 맛이 납니다. 그래서 저는 틈만 나면 옛이야기 책을 꺼내어 읽습니다. 읽었던 이야기를 다시 읽어도 재미가 솔솔 나고, 전에 느끼지 못했던 가르침을 찾아내게 되니 읽고 또 읽습니다.

자, 누구나 다 아는 이야기 하나 들으면서 옛이야기 맛을 함께 느껴 볼까요?

옛날 어느 시골집에 쥐가 많았더래. 아, 이놈의 쥐들이 곳간이며 부엌으로 안 다니는 곳 없이 돌아다니며 곡식이랑 음식을 훔쳐 먹으며 귀찮게 굴었대. 그 집 며느리 마음씨가 얼마나 착하던지, 쥐들도 먹고살려고 나왔을 거라며 부엌일을 끝내고 나올 때는 음식 찌꺼기를 일부러 남겨서 놓아두기도 했다는 거야.

그런데 하루는 참 기막힌 일이 벌어졌어. 며느리가 어디 좀 나갔다가 집에 돌아와 보니 부엌에 자기하고 똑같은 여자가 있네. 그래서 물어보았지. "당신 누구요?" 하고 말이야. 그러니 그 여자가 "당신 누구요?" 하고 되묻네그려.

그래 이 일을 어찌하면 좋아. 두 며느리가 서로 자기가 진짜라 우겨 대는데 집안 식구들도 도무지 가려낼 방법이 없어. 귀밑에 점 하나 있는 것도 똑같고, 이마에 흉터 있는 것이며 웃는 모습이랑 말투까지 똑같애. 하는 수 없이 부엌 찬장에 접시가 몇 개 있는지 물어서 진짜를 가려내기로 했지. 이거 참 큰일 났네, 진짜 며느리는 바르게 대답을 못 하는데 쥐가 둔갑한 가짜 며느리는 똑바로 알아맞히네.

그래서 진짜 며느리는 억울하게 가짜라는 누명을 쓰고 집에서 쫓겨나 울면서 어디로 갈지도 모르는 길을 가는 거야. 한참 길을 가다가 스님 한 분을 만났거든. "스님, 제 딱한 사정을 들어 주오." 하고는 이 일을 어떻게 하면 좋을지 사정을 다 털어놓았어. "그건 어려운 일이 아닐세. 고양이를 한 마리 구해다가 방 안에 몰래 넣어 두게."

며느리가 스님 말대로 고양이를 한 마리 구해다가 가짜 며느리 자는 방에 몰래 넣으니 갑자기 방 안에서 '찌이찌찍' 하는 시끄러운 소리가 들리더니 잠잠해졌어. 문을 열어 보니 커다란 쥐 한 마리가 죽어 있어.

그제야 식구들은 쫓아냈던 진짜 며느리를 맞이하여 잘못을 사과하고 다시는 그런 일 없이 오순도순 재미있게 잘 살았더래.

이 이야기의 주인공인 며느리는 마음씨가 착합니다. 그런데 못된 쥐는 자기한테 먹을 것을 남겨 주던 며느리한테 은혜를 갚지는 못할망정 며느리로 둔갑하여 그 착한 며느리를 쫓겨나게 합니다. 그러나 며느리는 스님이 가르쳐 주는 방법대로 해서 못된 쥐를 죽이고 제자리를 찾아 잘 살아가게 되었다는 이야기입니다.

저는 이 이야기를 〈호랑이를 뒤집어라〉(《성서로 풀어보는 민담》, 이현주 목사 지음, 생활성서사)라는 책에서 다시 읽으면서 지금 우리가 살아가는 세상을 어쩌면 이렇게 잘 꼬집어 주고 있나 싶어서 무릎을 쳤습니다.

'관옥 나무 도서관'에 걸려 있는 이현주 목사님 붓글씨 나무판 조각

먹어서 해로운 온갖 먹을거리가 자연에서 나온 이로운 먹을거리를 몰아냈습니다. 텔레비전이나 책도 주먹이나 총으로 사람을 마구 죽이는 싸움질 이야기를 담은 가짜가 판을 칩니다. 사람도 마찬가지입니다. 받아서는 안 되는 돈을 받아 챙기거나 나쁜 짓으로 부자가 된 사람들이 사람답게 살아가는 사람들을 깔보고 짓밟습니다.

이렇게 가짜 물건과 가짜 사람이 진짜 물건 진짜 사람을 몰아내고 이 세상을 어지럽게 만들어 놓았습니다. 왜 이렇게 되었을까요? 그건 사람 마음이 가짜에 물들어서 진짜 말 참말은 듣기 싫어하고 가짜 말 달콤한 거짓말에 잘 속아 넘어가기 때문입니다.

그러나 쥐란 놈이 속임수를 써서 며느리 노릇을 하다가 고양이한테 물려 죽듯이 가짜는 반드시 가짜라는 것이 들통나서 하늘이 내리는 벌을 받고 맙니다. 이것이 하늘의 뜻이고 자연의 섭리입니다. 하느님은 속아 주는 것처럼 말이 없으나 가짜가 제멋대로 하도록 가만히 내

버려 두지 않습니다.

　저는 가짜 며느리 이야기를 다시 맛보고 나서, '내 마음에 진짜를 채워, 가짜에 속지 말고 살아가자!' 이렇게 제 마음을 스스로 닦아 봅니다.

('샛별 교육' 15호, 1998)

버릇 고치기

 지난 여름 방학 때는 그저 버릇처럼 해 오던 방학 과제에서 벗어나 아이들 스스로 제각기 해 보고 싶은 과제를 정해서 해 보도록 하였다. 아이들은 부모님께 여쭈어서 여행 계획도 세우고, 하고 싶은 활동을 적어 넣은 방학 계획표를 스스로 만들어서 방학 시작하기 전에 담임 선생님한테 냈다.
 나도 우리 반 아이들이 써 온 방학 계획표를 살펴보았다. 아이마다 방학 과제가 다 다르고, 억지로 시켜서 하는 것이 아니라서 좋다. 더구나 아이들이 제각기 나쁜 버릇을 고쳐 보겠다고 써 놓은 것을 보니 웃음이 나왔다. 계획표를 다시 나누어 주면서, 버릇 한 가지만 고쳐도 방학을 잘 보낸 것이 된다며 어깨를 쓸어 주었다.

방학을 마치고 아이들을 만났다. 먼저 몸이 쑥 자란 것이 눈에 띈다. 그런데 방학 계획표에 부모님 확인을 받아 온 아이는 반쯤밖에 안 되고, 과제물이라고 가지고 온 것은 눈에 차지 않았다. 방학 계획을 세운 대로 지키지 못했다는 아이가 많다. 이야기를 들어 보니 그만한 까닭이 다 있었다. 나무랄 일은 아니다.

눈에 보이지 않는 과제를 얼마나 잘해 왔는가, 나는 그것이 궁금했다. 며칠 뒤, 쓰기 시간에 '내 버릇 고친 이야기'를 써 보게 하였다.

나는 국을 잘 안 먹는다. 할머니께서 국을 해 주셨다. "아 맛있다." 하면서 먹어 보니 진짜 맛있었다. 나는 이제 국을 두 그릇이나 먹었다. 식당에서도 국을 잘 먹었다.

나는 짜증을 잘 낸다. 지금 2학기 들어와서는 짜증을 안

낸다. 왜냐하면, 어머니한테 짜증 내다 들키면 맞기 때문이다.

나는 돈을 많이 까먹는 버릇을 고치려고 엄마한테 말하니까 다음 날 500원만 주었다. 그래서 버릇을 고쳤다.

나는 어릴 때 손을 빨던 버릇이 그대로 되어서 방학 때도 손을 빨고 있었다. 나는 방학 끝날 무렵에 손가락에 연필심으로 낙서를 했다. 그래서 한 사흘쯤 손을 안 빨았다.

나는 이 아이들이 스스로 세운 방학 계획을 잘 해냈다고 생각한다. 고쳐야 할 버릇이 무엇인지 알고, 고치겠다고 마음먹는 것보다 더 큰 공부가 어디 있겠는가. 이 아이들이 참 대견스럽다. 아직 다 고치지는 못했더라도 나는 이 아이들은 꼭 나쁜 버릇을 고칠 수 있다고 믿는다.

('샛별 교육' 18호, 1998)

엄마야!

나는 텔레비전을 정해 놓고 꼭 보는 것이 없다. 보면 보고 안 보아도 그만이다.

한창 프랑스 월드컵 축구 경기를 중계하던 때에 온 나라 구석구석에서 그것 보느라 어른 아이 가릴 것 없이 밤잠을 설친다고 하더만 나는 그것 안 보고도 잘 지냈다. 그래도 아무렇지 않았다.

그때, 우리 편이 기대했던 축구 경기에서 아깝게 지자 그 텔레비전 중계 방송을 보고 집으로 가던 제주도의 한 학생이 남의 자동차를 발길질로 망가뜨려 경찰서에 붙들려 간 일이 있었다. 그 소식을 듣고는 헛발질 축구를 하더라도 내가 뛰어야 그게 운동이고 쓸모가 있지, 남이 하는 것 백날 보고 있어야 이처럼 사람을 흥분시키거나 비실거리게 하니 다 소용없는 짓이구나 하는 생각이 들었다.

그런데 요즘 들어 즐겨 보는 텔레비전 프로그램이 하나 생겼다. 토요일 저녁에 서울방송에서 하는 〈좋은 세상 만들기〉가 바로 그것이다.

일흔 여든이 넘은 촌 할아버지 할머니들이 나와서 자식들 이름을 부르면서 하고 싶은 말을 하는데, 별로 우스운 말이 아닌데도 웃음이 나온다. 그리고 마지막에 나오는 할아버지 할머니가 한 맺힌 사연을 털어놓을 때는 나도 모르게 눈물을 훔치게 된다. 또 고장 특산물을 소개하는 광고 만드는 장면도 재미있고, 세 분을 모셔다가 방송국에서 벌이는 문제 알아맞히기도 마칠 때까지 동문서답이지만 재미있다.

나는 이 프로그램을 보면서 이처럼 재미있고 사람 마

음을 푸근하게 해 주는 프로그램도 드물겠다는 생각이 들었다. 어째서 그럴까?

　모르면 모르는 대로 말하고, 배꼽이 드러난 러닝셔츠를 입은 그대로지 잘 보이려고 하지 않는다. 그러니 말 한마디 몸짓 하나하나가 자연스럽다. 구멍 난 옷을 숨기려 하지 않고, 지식이 모자람을 부끄러워하지 않는다. 그렇다고 내가 사람들을 먹여 살리는 일을 한다고 으스대지 않으며 도시 사람을 부러워하지도 않는다. 바로 저것이구나. 흙을 파 일구고 바다에 그물을 던지며 온몸으로 일하는 자신의 삶을 소중하게 여기고 살아가니 그 삶 그대로가 남에게 감동을 주게 되는구나!

　우리나라 사람은 갑자기 어떤 놀랄 일이 생겼을 때 "엄마야!" 하고 소리를 지른다. 그런데 언제부턴가 아이들 입에서는 "오 마이 갓!"이라는 말이 예사로 흘러나온다.
　어디 그뿐인가. 동글납작한 얼굴에 눈동자가 까만 우

리 아이들 머리카락이 어느새 노랗게 물들어 가고 있다. 미장원 미용사가 부추기고 어머니가 살살 달래서 저 아이의 머리카락을 물들였겠거니 짐작했는데, 아이한테 살짝 물어보니 제가 그러고 싶어서 물들였다 한다. 이런 아이일수록 김치나 된장국은 먹기 싫다 하고 피자 햄 소시지는 먹고 더 먹겠다고 야단이다.

남이 써 준 대본을 앵무새처럼 흉내 내서 억지로 남을 웃기려고 해 보아야 〈좋은 세상 만들기〉 못 따라간다. 마찬가지로 우리가 아무리 먹고 걸치고 말하는 것을 서양 사람 흉내 내 봐야 서양 사람이 되지는 않을 테니, 우리 것 소중히 여기고 살아가는 게 바른길 아닐까?

('샛별 교육' 19호, 1998)

그것 참 좋은 생각이다

　새 학년이 시작되고 첫 수요일 오후에 강당에는 높은 학년 아이들이 다 모여 있다. 수요일 오후 시간마다 활동하게 될 클럽(동아리) 활동 부서를 소개하는 시간이다.
　내가 강당에 들어갔을 때는 벌써 클럽 활동 소개를 반 넘게 한 뒤였다. 새로 오신 선생님들이 아이들 앞에서 부서 소개하는 것을 한참 서서 지켜보았다. 아이들은 옆에 앉은 동무하고 무슨 이야기를 하는지 소곤대고 있고, 선생님은 아이들 관심을 끌 수 있는 말과 표정으로 재미있게 이야기를 하신다. 이렇게 또 다른 선생님을 만나서 한 해 동안 사랑과 정을 나누며 가르치고 배우게 되는구나.

내가 아이라면 어느 부서에 들어가려고 할까? 연극부, 영상제작부, 전통놀이부, 수예부 모두 재미있을 것 같은데 한 가지만 해야 하니 고르기도 참 어렵겠다. 아버지 어머니는 내 생각하고 다른 부서를 하라고 하실지 모른다. 그러면 어떻게 하지? 이런 생각도 해 보았다.

부서 소개가 끝나자 특별 활동 담당 선생님이 나한테 할 말이 있는지 물어본다. 아이들 앞에 섰으나, 들떠 있는 아이들이 내 이야기를 들어 줄 것 같지 않아, 샛별초등학교 아이가 아닌 청개구리가 좀 들어와 있는 것 같으니 청개구리는 좀 나가 주세요 해도 소용이 없다. 안 되겠다. 내가 하는 말에 끌려오도록 해 보는 수밖에 없겠다.

"저도 지난해 1학기에는 컴퓨터부를 맡았고, 그전에는 단소부를 맡았습니다. 그러나 지금은 따로 부서를 맡지 않았습니다. 그런데 여러분을 보니까 한 부서를 맡고 싶은 마음이 듭니다. 만약 제가 클럽 활동 부서를 맡는다면 어떤 부가 좋을지 여러분의 생각을 듣고 싶습니다. 누구 말해 볼 사람 있습니까?"

여러 아이가 손을 들었다. 앞쪽에 있는 4학년 아이에게 말해 보라고 했다.

"훈련부가 좋겠습니다."

"그게 어떤 것인지, 왜 그런 생각이 들었는지 말해 주세요."

"교장 선생님이니까 아이들이 떠들지 못하게 훈련시켜야 하잖아요."

"참 그렇네요. 좋아요, 훈련부를 맡겠습니다. 이렇게 다 모였을 때 잔소리 같지만 알아듣게 말을 좀 하겠습니다."

그다음에 또 있느냐고 물었더니, 한 아이는 과자를 자주 먹을 수 있도록 '다과회부'를 하면 좋겠다 하였고, 또 한 아이는 '글쓰기부'를 하면 좋겠다 하였다. 그래서 그것도 맡기로 하였다. 교장실에 건빵과 사탕 몇 봉지 사다 놓고 나누어 주고, 글쓰기는 그러잖아도 시간표를 짜서 국어 쓰기 시간에 2, 4, 6학년 아이들한테 가르쳐 줄 것이라 하였고, 1, 3, 5학년은 일 년만 기다리면 2, 4, 6학년이 될 테니 그때까지만 기다리면 될 것이라고 하였다.

한마디 덧붙였다.

글쓰기부에 들어와 글 쓰는 아이

"제가 생각하였던 부가 또 하나 있는데, '편지쓰기부' 입니다. '편지쓰기부'는 언제 어디서나 활동할 수 있고 몇 사람이든 상관없습니다. 저한테 종이에 쓴 편지나 인터넷으로 편지를 써서 보내기만 하면 됩니다. 그러면 저도 답장을 쓰겠습니다. 그렇게 편지를 쓰면서 재미있게 지내봅시다."

"예!"

이렇게 해서 나는 올해 클럽 활동 부서를 넷이나 맡게 되었다.

'훈련부, 다과회부라, 그것 참 좋은 생각이다!'

나는 교장실에 돌아와서도 아이들이 내놓은 재미있는 생각을 떠올리며 빙긋이 혼자 웃었다. 그리고 내가 잘하지 싶은 것을 어떻게 알았는지 '글쓰기부'라고 찾아준 아이도 참 기특하다는 생각이 들고, 그 아이가 참 고맙다.

('샛별 교육' 38호, 2002)

한 가지를 꾸준히

〈샛별 교육〉 100호를 내면서, 먼저 '벌써 100호가 나오는구나!' '한 가지를 꾸준히 잘해 왔구나!' 하는 뿌듯한 느낌이 듭니다.

제가 샛별 동산에 첫발을 내디딘 때가 1983년 봄입니다. 지금으로부터 스물다섯 해 여섯 달 전이군요. 바로 그해에 제가 맡은 일 가운데 하나가 학교 소식지 〈샛별〉 만드는 일이었습니다. 이 일은 여러 선생님이 한두 해씩 번갈아 가며 맡았는데, 거들어 달라는 분들이 있어서 글 고르기와 교정하는 일은 제가 거의 도맡아서 하였습니다.

한 해에 두 번 펴내서는 제구실을 하기가 어렵겠다 싶어서 1996년 11월 1일부터 〈샛별 교육〉을 다달이 내기로 하고, 〈샛별〉은 그해 겨울에 51호를 끝으로 더 내지 않았습니다. 〈샛별 교육〉에는 그 달 행사 계획과 준비할 것을 미리 알리고, 지난 교육 활동을 소식으로 자세히 알리며, '샛별 동산 일지'라고 하여 소식에서 다루지 못한 일까지 학교 교육 활동 기록으로 남겼습니다. 물론 샛별 식구들의 글을 골고루 싣는 전통은 이어받아서 그대로 했지요.

그렇게 시작한 〈샛별 교육〉이 2호, 3호, 달이 가고 해가 바뀌어 2008년 9월에 드디어 100호를 펴내게 되었군요.

이렇게 나온 〈샛별 교육〉인지라 저는 이 〈샛별 교육〉과 그 이전에 낸 〈샛별〉, 학교 문집 〈샛별 동산〉을 우리 학교 '샛별 역사방'에 잘 모아 놓았습니다.

지난 여름 방학 때, 부산에서 제 대학 동기생들이 우

리 학교에 찾아왔습니다. 올해 펴낸 〈샛별 교육〉을 드리고 학교 소개를 하였습니다. 저는 우리 학교에 오시는 손님들께 〈샛별 교육〉을 꼭 전합니다. 여기에는 샛별 동산에서 이루어지는 교육 이야기가 고스란히 담겨 있기 때문이지요. 교무실에서 학교 소개와 이야기를 마치고, 나가는 걸음에 교장실을 돌아보았습니다. 제 사무실(교장실) 한쪽은 책상과 둥근 탁자와 게시판이 있고, 맞은편 강당 쪽엔 '샛별 역사방'이라 하여 책꽂이와 책상에 우리 학교 역사 자료와 기록물을 갈무리해 놓았습니다. 다른 학교 교장실하고는 좀 다른 모습이지요. 이것저것 살펴보던 어느 동기생이 말했습니다.

"초등학교 교장실이 대학교 교수실 같네!"

지금 생각해 보니, 제 사무실에 책과 잡지, 지금까지 나온 〈샛별 교육〉이며 학교 역사 기록물이 가득 들어차 있어서 대학교수 연구실 같은 느낌이 들었던가 봅니다. 이 말에 꼬리를 물고 제 맘속 깊은 데에 새겨 놓았던 말이 떠올랐습니다.

"글이 인쇄되어 있는 종이는 신문 쪼가리 하나라도 함부로 버려서는 안 돼."

어느 늙은 학자가 자식들과 손자 손녀들에게 늘 당부하던 말이라고 합니다. 그래서 그 집안에는 대를 이어서 대학교수 학자가 여럿 나왔다는 말이 지금까지 제 기억에 남아 있습니다.

제가 우리 〈샛별 교육〉은 물론 다른 학교 신문, 여러 잡지와 책, 기록물을 함부로 버리지 않고 잘 모아 두는 것도 이 말을 새겨 놓았던 덕분이지 싶습니다.

('샛별 교육' 100호, 2008)

먹기 싫으면 숟가락 놓고 일어나거라

나는 음식을 가리지 않고 잘 먹는다. 밥, 국, 김치뿐이어도 좋고, 고구마나 감자만으로 끼니를 때워도 그만이다. 다른 나라 여행을 해도 다른 사람들은 음식이 입맛에 맞지 않는다며 미리 준비한 된장과 고추장을 꺼내었으나 나는 그러지 않고서도 거뜬히 그릇을 비웠다.

내가 이렇게 음식을 가리지 않고 잘 먹게 된 것은 우리 어머니 덕분이다.

초등학교 다닐 때, 흉년이 들어 양식이 모자라 겨울을 나기가 어렵게 되었다. 어머니는 밤늦도록 무채를 썰어서 아침밥을 무밥으로 지으셨다. 그리고 점심은 고구마를 삶아 소쿠리에 그득하게 담아 내놓으셨으며, 저녁은 쌀 한 줌 넣고 김치랑 콩나물을 넣어서 갱죽을 끓여 주셨다. 그 시절, 우리 어머니는 어렵게 식구들을 먹여 살리셨다.

나는 고구마나 갱죽은 잘 먹었다. 그런데 밥에 섞인 무는 냄새도 맡기 싫고 먹기가 괴로웠다. 어느 날 아침 밥상머리에서 무밥은 맛이 없어 못 먹겠다고 한번 투정을 부렸다.

"먹기 싫으면 숟가락 놓고 일어나거라! 배가 불러서 그런 소리가 나오지."

어머니는 이 말 한마디만 하시고 더는 아무 말씀도 하지 않으셨다. 나는 눈물을 떨구면서 밥그릇을 비웠다. 먹을 것이 귀해서 무밥이라도 먹지 않으면 점심때까지는 쫄쫄 굶을 수밖에 없었기 때문이다.

그 뒤로 이날까지 나는 밥상 앞에서 반찬이 맛이 있느니 어쩌니 그런 말을 하지 않고 살아가고 있다. 먹을 수 있는 것만으로도 얼마나 고마운 일인가.

우리 어머니는 또 나한테 일을 많이 시키셨다. 내가 중학생이던 때에, 내일이 시험 보는 날이라고 해서 꼴베기, 지게로 짐 져 나르기, 곡식 타작, 고구마 순 놓기 같은 끝없이 이어지는 집안일을 면제시켜 주는 법이 없으셨다. 어머니한테는 학교 성적보다 집안일이 먼저이니 물론 성적이 나쁘다고 나를 나무라신 적도 없었다.

그리고 어머니에게도 좋은 물건이 하나쯤은 있을 법한데, 내가 보기에 값진 것이라고는 아무것도 가지지

콩 한 알도 낱낱이 주워 담으시는 농사꾼 우리 어머니

않고 사셨다. 먹고살기도 빠듯한데 자식 여럿을 학교에 보내야 하니 그러지 않고는 살림을 해 나가실 수 없었을 것이다.

어머니는 야학을 다니면서 한글을 겨우 깨우쳤을 뿐 학교 문 앞에도 가 본 적이 없는 분이다. 그러니 학교에서 배운 지식으로만 세상을 살아오지 않으셨을 게 틀림없다. 그런데도 자식이 밥상머리에서 음식 투정을 하면 엄하게 한마디 할 줄 아셨고, 학교 공부보다는 일이 먼저라는 것을 어린 마음과 몸속에 꼭 심어 주셨다.

내가 한 아이의 아버지가 되었을 때 아이를 키우면서 지킨 원칙이 세 가지 있다. 이것은 어머니한테서 크게 영향을 받은 것으로, 그 첫째는, 입에 맞는 것만 가려 먹지 않도록 하는 것이고, 둘째는 아이가 할 수 있는 정도의 일이면 무엇이든 찾아서 시키는 것이며, 셋째는 좀 모자라더라도 만족하며 살아가도록 키운 것이다.

요즘 아이들은 내가 어렸을 적이나 우리 아이가 자랄 때와는 또 다른 시대를 살아가고 있다. 먹고 입고 쓰는 것이 그때에 비하면 너무 풍족해서 탈이다. 그래서 음식이나 물건을 귀하게 여기지 않고 아낄 줄 모른다. 연필이나 지우개는 말할 것도 없고, 옷과 우산 같은 것을 잃어버려도 찾아갈 생각을 하지 않는다. 한데 모아 두었다가 나누어 주려 해도 남의 것이라고 거들떠보지도 않는 형편이다. 어디 그뿐인가. 밥이나 반찬이 입에 맞지 않으면 예사로 남겨서 버린다.

어머니가 무밥 먹기 싫다는 나한테 "먹기 싫으면 숟가락 놓고 일어나거라" 하신 말씀이 그때는 서운하고 원망스러워 눈물이 났다. 그러나 어린 마음에도 어머니가 자식한테 쌀밥을 주기 싫어서가 아니라는 것을 알았기에 어머니 말이 서운하게 들렸고 원망스러웠지만, 그 자리에서 숟가락을 탁 놓고 일어날 수가 없었던 것이다.

지금 와서 생각하면 그때 우리 어머니가 나한테 눈물이 쏙 빠지도록 그렇게 야단쳐 주신 것이 참 고맙기만 하다. 그리고 이 일은 나에게 말이란 겉으로 드러난 것보다 그 속뜻이 무엇인지 잘 새겨듣기만 하면, 그 말이 당장은 서운하게 들리더라도 마침내 한 사람의 삶을 바꾸어 주는 귀한 가르침이 된다는 것을 알게 해 주었다.

(가정의 달 교장 특별 수업, 2004)

서로 가르치고 배우는 자리

학교 문집 〈샛별 동산〉 4호를 펴내게 되어 반갑고 기쁩니다.

이번 겨울 방학 때 저는 '샛별 글쓰기 교실'을 열어 참가 신청을 한 아이들과 함께 글쓰기 공부를 하였습니다.

그림 그리듯이 쓰는 사생글 쓰기, 주고받는 말을 쓴 대화글, 그날그날 살아가는 이야기를 쓰는 일기, 그때의 감동을 짧은 말로 나타내는 시 쓰기, 보고 듣고 겪으며 나만의 느낌과 생각을 써 보는 느낌글 쓰기, 누구에게 꼭 하고 싶은 말을 전하려고 쓰는 편지 쓰기를 차례로 공부하였습니다. 그리고 이때 쓴 글을 모아 문집을 만들어 서로 나누어 가졌습니다.

글쓰기 공부를 하면서 아이들에게 글을 잘 쓰느냐고 물어보았습니다. 대답이 없었습니다. 글을 못 쓴다고 생각하느냐고 다시 물어보니, 그렇다고 합니다. 그래서 글을 못 쓴다고 생각하지 말라고 부탁을 하였습니다. 누구나 무슨 일을 하든지 처음 배우는 단계에는 서툴기 마련이니까, 이제부터라도 꾸준히 써 보라고 하였습니다. 남이 쓴 미끈한 글을 흉내 내 쓰기보다는, 내가 아니면 쓸 수 없는 이야기를 정성껏 정직하게 쓰는 것이 중요하다고 되풀이해서 일러 주었습니다. 그리고 써 온 글을 읽어 보니 모두가 참 잘 썼습니다. 고칠 데가 있기는 하지만 모두가 자기 이야기를 정직하게 정성껏 썼기에 잘 썼다고 칭찬해 주었습니다.

글을 고치고 다듬는 공부는 두고두고 해 나가면 됩니다. 띄어쓰기, 틀린 글자, 문장 부호 바르게 붙이기, 문

단 나누기는 바르게 해야 합니다. 글을 다듬는다는 말은 내가 할 말이 제대로 드러났는지 살피면서 자세히 써야 할 데를 찾아 덧붙이고, 빼거나 줄이는 것이 좋겠다 싶은 말은 빼고 줄이는 것입니다.

  글은 왜 쓸까요? 좋은 것을 서로 나누려고 씁니다. 우리는 날마다 내가 본 것, 들은 것, 겪은 일 가운데서 서로 나눌 만한 것을 끊임없이 이야기하며 살아갑니다. 그 이야기를 글자로 나타낸 것이 글이요, 소리로 나타낸 것이 음악이며, 모양과 빛깔로 나타내면 그림입니다. 사진이나 영화, 연극 같은 것도 살아가는 이야기를 나누는 일입니다. 학문을 연구하고 가르치고 배우는 일 또한 좋은 것을 나누는 일입니다.

  서로 좋은 것을 나누는 일에서 가장 중요한 것은 정성을 쏟아서 정직하게 나타내는 태도입니다. 참말을 해야 합니다. 거짓말은 언젠가 드러나게 되고 여러 사람을 해치게 됩니다. 지난해 말에 줄기세포 논문이 거짓이었다는 사건을 보면서, 정말 그렇다는 걸 알 수 있었습니다.

저는 이번 겨울 방학 동안에 글쓰기 교육 연수회에 가서 사흘 동안 삶을 가꾸는 시 쓰기 공부도 하였습니다. 거기서 박문희 선생님 이야기를 들으면서 웃느라 눈물이 다 났습니다. 박문희 선생님은 서울 아람유치원 원장님이신데, '마주 이야기' 교육에 대해 우리 학교 학부모 교실에서도 말씀해 주신 분입니다.

'마주 이야기'로 아이 살리는 박문희 선생님

아람유치원 아이들이 '임금님 집 나들이(경복궁 견학)' 갔다 돌아오는 버스에서 김도연이란 아이가 말했습니다. "내 바지에 흙 묻혔는데 가만히 있었어요." 어째서 가만히 있었는지 원장님이 물어보셨습니다. 도연이가 대답합니다. "기분 좋은 데서 기분 나빠질까 봐 가만히 있었어요." 심술궂은 아이가 자기 바지에 흙을 묻혔으면 금방 싸움이 붙었을 텐데, 이 아이는 싸우면 엉망이 될 거라는 것을 알고 그렇게 하지 않았던 것입니다.

저는 이 이야기를 들으면서 가르치는 사람은 아이 도연이고, 배우는 사람은 박문희 선생님이라는 생각이 들었습니다. 그리고 이런 마음으로 살아가면 바로 여기가 즐거운 동산(낙원)이요, 하늘나라라고 느꼈습니다.

저는 우리 학교 문집 〈샛별 동산〉이 서로 배우고 가르치는 자리가 되기를 바랍니다. 〈샛별 동산〉이 나오기까지 애써 주신 샛별 식구 여러분, 고맙습니다.

('샛별 동산' 4호, 2006)

이야기 선물
셋

기리는 날, 잔칫날 뜻 새겨보기

딱딱한 흙 뚫고 올라오는 새싹처럼
삼일절

오늘은 쉰여덟 돌 삼일절입니다.

삼일절은 언제 무슨 일이 어떻게 일어난 일을 기념하는 날입니까? 이날의 뜻을 삼일절 노래에서 찾아 쉬운 말로 풀어 보면 이렇습니다.

기미년 그러니까 1919년 3월 1일 정오에, 우리나라 곳곳에서 삼천만 겨레가 한마음으로 손에 태극기를 들고 대한 독립 만세를 외쳤습니다. 이는 밀려오는 바닷물 같아서 누구도 막지 못할 만세 소리였습니다.

이날 우리나라가 독립을 온 세상에 알린 것은 우리가

사람으로 바른 도리를 따라 옳은 일을 한 것이고, 우리가 살아 있다는 것을 깨닫게 한 것입니다. 이로써 우리나라는 새롭게 다시 살아났습니다.

나라를 위하고 옳은 일과 도리를 지키려고 꿋꿋하게 싸우다가 돌아가신 어르신들이시여, 하늘나라에서라도 이 나라를 보살펴 주십시오. 우리나라에 딸린 나라 안팎의 모든 분이여, 이날 일이 헛되지 않고 오래 빛나도록 합시다.

삼일 독립운동으로, 우리는 사람으로 바른 도리를 따라 옳은 일을 하였고, 우리가 살아 있음을 깨닫게 하였으며, 우리나라는 새롭게 다시 살아났습니다.

이 삼일 독립운동이 헛되지 않고 오래 빛나게 하려면 어떻게 해야 할까요? 그 정신을 이어받는 것입니다. 나라 독립을 위해 몸을 바치신 분들의 삶을 본받는 것입니다.

기미 독립 선언서는 모두 서른세 사람 이름으로 세상

에 알렸습니다. 그 가운데 기독교 신앙을 가진 이승훈 선생이 어떻게 살아가셨는지 좀 알아보고 본받을 점을 함께 찾아보도록 할까요?

 이승훈은 평안북도 정주에서 태어났습니다. 난 지 여덟 달 만에 어머니가 세상을 떠났고, 할머니 손에서 컸습니다. 그러나 할머니도 이승훈이 열 살 되던 해에 세상을 떠났습니다. 두 달 뒤에는 아버지마저 돌아가시니, 열 살 어린 나이에 고아가 되었습니다. 바다 위에 떠 있는 나뭇잎과 같은 신세가 되었습니다.
 그러나 "큰 사람이 되어야 한다"며 글을 배우도록 보살펴 주신 할머니 뜻을 저버리지 않고 길을 찾았습니다.
 열한 살 어린 나이에 남의 집 심부름꾼으로 들어가 사랑방에서 지내며 온갖 잡일을 했습니다. 어린 나이에 부모한테 물려받은 것은 가난과 상놈, 무식밖에 없었으나 맘속에 품은 뜻을 펴 나가는 일을 막을 사람은 없었습니다.

　청소하고 나무도 하고, 놋그릇 만드는 공장에서도 일했습니다. 그러나 시켜서 하는 법이 없었습니다. 그리고 밤으로는 책을 읽고 종이쪽지를 주워다가 글을 썼습니다. 다른 사람들 이야기도 귀담아들으며 세상살이를 배워 나갔습니다. 모르는 것을 알아내려고 힘썼습니다. 그리고 공장에서 일하면서 고칠 점이 있으면 주인한테 말을 하였습니다. 부지런하고 정직하고 믿음직스러워 주인은 승훈에게 물건 배달과 수금하는 일은 물론 아예 파는 일도 맡겼습니다. 이런 모습을 본 사람들은 칭찬을 아끼지 않았고 그 소문은 입에서 입으로 퍼져 나갔습니다.

　사람이 되었다 싶으니 사위로 삼겠다는 사람이 있어서 장가를 들었습니다. 이때 나이 열다섯 살이었습니다. 주인이 돈을 한몫 떼어 주어 스스로 공장을 차리고 따로 자기 사업을 해 나갔습니다. 일꾼들을 잘 보살펴 주니 사업은 번창했습니다. 그러나 남의 나라 전쟁통에 두 번이나 망하는 어려움을 겪기도 하였습니다.

　나이 마흔이 넘어서 안창호 선생 강연을 듣고는 '우리가 살아갈 길은 교육으로 힘을 기르는 것이다.' 하는 말을 입에 달고 다녔습니다. 이래서 학교를 세웠으니 오산학교입니다. 기독교를 믿기 시작한 후에는 기독교 정신을 학교 정신으로 받아들였습니다. 학교 옆에다 교회당을 짓기도 했습니다. 이 학교 졸업생들은 검소하고 일 잘하고 민족을 위해 몸을 바치는 정신이 투철하다는 칭찬을 받게 되었습니다.

　이승훈은 민족을 사랑하고, 조국의 독립을 한 번도 잊어본 적이 없었습니다. 그는 죽기 전에 '내가 죽거든 땅에 묻어 썩게 하지 말고 표본으로 만들어 학생들이 연구하는 데 쓰게 하라'고 유언을 남겼습니다. 그러나 일본 사람들 방해로 뜻을 이루지는 못하였다고 합니다.

　남강 이승훈 선생은 한평생 살면서 게으름을 부리지 않고 부지런하였습니다. 빚지고 살아선 안 된다고 믿어 집을 팔아서라도 회계는 바르게 했습니다. 할 일은 시키기 전에 하는 사람이었습니다. 옳고 그름을 분명하게 가리며, 자기 잘못은 아무 변명을 하지 않고 바르게 말하는 용기 있는 분이었습니다.

그리고 우리 독립을 위해 우리가 할 일은 민족의 힘을 기르는 일이지 남의 힘을 불러들이는 일이 아니라고 하면서 이런 말씀을 하셨습니다.

"나는 씨앗이 땅속에 들어가 무거운 흙을 들치고 올라올 때, 자기 힘으로 들치지 남의 힘으로 올라오는 것을 본 일이 없다."

"새싹은 혼자 힘으로 무거운 흙을 들치고 나온다." 남강 이승훈

100년 전에 살다 가신 분입니다. 하지만, 오늘날을 살아가는 우리가 본받아야 할 점을 많이 남겨 주신 겨레의 스승입니다.

여든다섯 돌 삼일절에 이야기로 함께 만나 본 남강 이승훈 선생, 이승훈 선생 전기와 역사 이야기를 찾아 읽으며 여러분 한 사람 한 사람이 따로 만나 보시기 바랍니다. 이런 훌륭한 분을 본받아 여러분도 꼭 이 나라를 위해 큰 사람이 되어 주시기 바랍니다.

만세 부르기

우리는 기미년 3월 1일, 대한 독립 만세를 외치던 선조의 독립 정신을 이어받자고 만세를 부릅니다. 그 삼일 독립 만세 운동의 중심 생각이 무엇일까요? 우리 대한의 주인은 우리 대한 사람이다, 총칼을 들고 우리를

우리는 이 나라 임자다! 만세~!

종처럼 부리는 일본 사람은 물러가라, 한마디로 말해서 우리가 우리 살림 주인으로 살아가자는 뜻입니다.

독립 선언문에 공약 삼 장이 나옵니다. 공약은 국민에게 지키겠다고 하는 약속입니다. 오늘 우리도 주인으로 살아가자고 우리 자신에게 약속을 해 보면 좋겠습니다.

약속 하나, 남에게 바라는 그대로 해 주며 살아간다.
약속 둘, 마음 살리는 책 열심히 읽고, 몸 살리는 운동 꾸준히 한다.

약속 셋, 일이나 공부를 내 마음속으로부터 우러나서 하도록 한다.

다 함께 외쳐 보고 만세를 부릅시다.

우리는 이 세상의 주인이다.

만세! (만세!)

만세! (만세!)

만세! (만세!)

(삼일절, 2004)

빛과 자유 만세
광복절

오늘은 우리나라가 일본의 억눌림에서 해방된 날을 기념하는 광복절입니다. 해방된 지 올해로 예순 돌, 사람으로 말하면 환갑을 맞이하는 해입니다.

일본은 우리나라를 36년 동안 지배하였습니다. 참으로 긴 세월입니다. 그 서른여섯 해 동안 일본은 우리 겨레에게 못할 짓을 많이 했습니다. 우리나라 살림을 저들 마음대로 하면서, 곡식과 여러 가지 물자를 빼앗아 갔고, 우리말과 글을 쓰지 못하게 하였으며, 성과 이름을 바꾸도록 하였습니다. 젊은이들을 강제로 끌고 가서 남자는 탄광이나 무기 공장에서 노예처럼 부렸고, 여자는 전쟁터에서 군인들의 성 노리개로 삼았으니, 원통하고 분하기가 이루 말로 다 할 수가 없는 일입니다.

그러나 우리나라는 가만히 있지 않았습니다. 온 겨레가 일어나 '대한 독립 만세'를 외치며 목숨을 걸고 맞서 싸웠습니다. 상해에서 하얼빈에서 일본 관리들을 향해 폭탄을 던지고 총을 쏘았습니다. 우리말을 지키려다 붙들려 가서 모진 고문을 당하고 감옥에서 숨을 거두기도 하였습니다.

우리가 바라는 해방과 독립을 이루지 못하고 세월은 자꾸 흘러 서른여섯 해가 지나갔습니다. 1945년, 이 무렵에도 끝까지 희망을 잃지 않고 싸운 사람이 있는가 하면, 많은 사람이 희망을 잃고 일본 사람한테 붙어서 살아가게 되었습니다.

어떤 사람은 젊은이들이 전쟁터로 나가서 천황에게 충성하라는 글을 썼고, 돈이 많은 사람은 전쟁에 쓸 비행기 살 돈을 갖다 바치기도 했습니다. 이런 사람을 친

일파라고 합니다.

일본은 우리나라뿐만 아니라 온 세계를 지배하려고 독일, 이탈리아와 손잡고 세계 제2차 대전을 일으켰습니다. 중국에 쳐들어가서 몹쓸 짓을 많이 하였고, 태평양 한복판 하와이 진주만에서 자살 특공대가 미국 함대를 공격하였습니다.

1945년 7월에 미국 영국 중국 세 나라가 함께 일본에 항복하라고 하였으나 이에 따르지 않았습니다. 결국, 미국은 8월 6일과 9일에 일본 히로시마와 나가사키에 원자 폭탄을 떨어뜨렸습니다. 그제야 일본은 항복하게 되었고, 우리나라에서도 물러갔습니다. 1945년 8월 15일, 우리나라 해방은 이렇게 찾아왔습니다.

우리는 해방을 맞이한 이날을 나라의 기쁜 날로 정하여 광복절이라고 합니다. 광복이란 말뜻이 무엇입니까? 잃었던 나라와 주권을 도로 찾았다는 뜻입니다. 한자 뜻을 풀어 보면 '광'은 '빛'이고 '복'은 '돌아오다'는 뜻입니다. 어둠이 물러가고 빛이 돌아왔다는 말입니다.

빛을 되찾은 그때로부터 지금까지 우리나라는 빛 가운데서 살아왔을까요? 불행하게도, 한 가지 빛을 찾으니 또 한 가지 어둠이 드리워진 나라가 되고 말았습니다. 그 어둠이란 남과 북으로 나라가 쪼개진 것이고, 백성이 진정한 주인으로 살아가지 못한 것이었습니다.

그러면 광복 60돌을 맞이한 오늘날 우리가 다시 찾아야 할 빛은 무엇일까요?

첫째는 우리나라가 남북이 하나가 되는 통일을 이루어 스스로 주인으로 살아가는 것입니다. 우리나라가 빛 속에서 살아가기 위해, 지금까지 시간이 꽤 오래 걸렸으나 몇 해 전부터 남과 북이 서로 만나고 마음을 열면서 통일의 문턱으로 성큼 다가서고 있습니다. 이번 60돌 광복절을 맞이하여 북한 대표들이 국립현충원에서 순국선열의 영 앞에 묵념을 올렸고, 남북 청년 선수들이 한 마당에서 축구 경기도 펼치고 있습니다. 참으로 다행한 일입니다.

둘째는 우리 한 사람 한 사람이 진정한 주인으로 빛 가운데서 자유롭게 살아가는 것이라 하겠습니다. 우리 한 사람 한 사람이 빛 가운데서 자유롭게 살아가려면 어떤 길을 가야 할까요? 이것 역시 마음을 열고 큰 가르침을 따라가면 반드시 그렇게 살아갈 수 있을 것입니다.

이 시간에 저는 여러분에게 빛 가운데서 자유롭게 살아간 인물을 소개하려고 합니다. 제가 소개하려는 이 인물은 스콧 니어링과 헬렌 니어링으로, 두 분 다 이미 세상을 떠나신 미국 사람입니다.

저는 이번 여름에 이 두 분이 사셨던 농장에 한번 찾아가 보았습니다. 보스턴 공항에 내려서 숲 속 농장까지 찾아가는 길은 참 멀고도 멀었습니다. 자동차를 타고 가다가 날이 저물어 모텔에서 하룻밤을 자고, 그다음 날에도 국도와 고속도로, 지방도로와 숲 속 길을 따라 하루 내내 달려서 오후 4시가 넘어서야 니어링 부부가 살던 숲 속 농장에 닿았습니다.

 스콧 니어링은 젊었을 때 대학교수였습니다. 그 무렵에 어린이를 고용하여 일을 시키는 기업체가 많았습니다. 스콧 니어링은 어린이 노동력을 착취하는 이런 짓은 한창 놀면서 잘 자라야 할 어린이의 앞날을 망치게 하는 잘못이라고 주장하였습니다. 옳은 말이지만 기업주들에게 미움을 사서 대학교에서 쫓겨났습니다. 다시 다른 대학에 복직하였으나, 이번에는 세계 제1차 대전이 일어나는 것을 보고 전쟁을 반대하는 운동을 하다가 또 쫓겨납니다. 이때 나이 50살이 다 되어 갈 때였습니다.

 이때부터 스콧 니어링은 아내 헬렌 니어링과 함께 숲 속으로 들어가 살기 시작했습니다. 자기가 살 집을 손수 짓고, 손수 일군 밭에서 곡식과 채소를 가꾸어 먹으면서 살았습니다. 책 읽고 강연 부탁을 받으면 어디든지 찾아가서 자기 생각을 여러 사람에게 전했습니다. 그렇게 살아가는 이야기를 글로 써서 책을 펴냈습니다.

니어링 부부가 살았던 집과 뜰. 저쪽에 보이는 것은 온실이다.

지금도 사람들이 모여 니어링 식으로 농사하며 사는 법을 배운다.

니어링이 지냈던 방

백 살이 되던 해에 이웃 사람들이 찾아와서 지난 100년 동안 스콧 니어링이 살아서 더 좋은 세상이 되었다는 말로 축하해 주었습니다. 그해에 스콧 니어링은 이제 내가 이 지구별에 와서 할 일을 다 했고, 힘을 써서 일할 수가 없으므로 또 다른 세상으로 가야겠다며, 스스로 음식과 물을 끊고 아내가 보는 앞에서 조용히 눈을 감았습니다. 부인 헬렌 니어링은 몇 해 뒤에 세상을 떠났습니다.

　지금은 '굿 라이프 센터'라는 재단에서 이분이 살던 집을 관리하고 있습니다. 니어링 부부처럼 그렇게 빛 가운데서 자유롭게 살아가고 싶은 사람이 일 년씩 살도록 하고, 뜻있는 행사를 하며, 찾아오는 사람들에게 그분의 뜻을 알리고 있습니다. 저는 이번에 가서 사과 농사 전문가가 하는 사과 농사 강습에 참여하였고, 퇴비가 잘 썩도록 뒤엎어 주는 일을 조금 도왔습니다.

　이 두 분 니어링 부부는 사람답게 살아가는 길은 하느님 뜻에 따라 빛 가운데서 자유롭게 살아가는 것이라고 믿고, 그대로 살았습니다.

저는 그분들이 쓴 책이 우리말로 번역되어 나와 있어서 다 읽어 보았습니다. 어떤 책은 이번 여행을 떠나기 전에 한 번씩 더 읽었습니다. 한국방송 제1텔레비전에서 특집 방송으로 이분의 삶을 소개한 적이 있는데, 녹화해 두었던 것을 다시 보았습니다. 책과 방송으로 보았던 바로 그 집, 돌로 쌓은 집 벽과 채소밭 울타리 벽, 오래된 책상과 걸상, 낡은 손수레에서 그분의 혼과 손길을 느낄 수 있었습니다. 책에서 사진으로 보았던 때와는 또 다른 감동으로 온몸이 찌릿하였고, 높고 맑은 기운을 받을 수 있어서 참 좋았습니다.

여러분은 어떤 분의 가르침을 따라서 어떻게 살아가는 것이 빛 가운데서 자유롭게 살아가는 삶이 될지 여러분 스스로 잘 찾아보십시오.

부디 여러분도 오늘 제가 소개한 니어링 부부처럼 날마다 자기 삶의 주인으로, 빛 가운데서 자유롭게 살아가시기 바랍니다.
 빛과 자유 만세!
 빛과 자유 만세!
 빛과 자유 만세!

(광복절, 2005)

세상에서 으뜸가는 글자, 한글
한글날

　내일은 558돌 한글날입니다. 아기가 태어나 한 해가 되는 날을 첫돌이라고 합니다. 십 년이 지나면 열 돌이라고 하지요. 올해 맞이하는 한글날이 558돌이니까 한글이 세상에 나온 지 558년이 되었다는 말입니다.
　기념일은 뜻깊은 일을 잊지 않고 생각하는 날입니다. 우리나라에서 정한 기념일에는 모두 36가지가 있는데, 어린이날도 들어가고 한글날도 그 가운데 하나입니다. 이 한글날은 한글이 세상에서 으뜸가는 글자라는 것을 널리 알리고, 이 글자를 만들어 세상에 내놓으신 세종대왕의 고마움을 우리 가슴에 다시 새기고 기리는 날입니다.

우리가 우리 한글이 세상에서 으뜸가는 글자라고 하면 제 자랑이나 하는 것 같지요. 그래서 오늘 이 시간에는 다른 나라 사람들이 우리 한글을 왜 배우려고 하는지, 그리고 어떻게 여기고 있는지를 살펴보면서 우리 한글의 독특하고 빼어난 점을 알아보기로 하겠습니다.

우리 학교에 두 번 다녀가신 김송이 선생님은 일본에 사시는 우리 동포입니다. 김송이 선생님은 지금 일본의 대학교와 문화원 같은 데서 일본 사람들한테 우리말과 글을 가르치고 계십니다.

김송이 선생님한테 우리말과 글을 배운 일본 사람 가운데 가따오까 님이 지난 봄에 저한테 편지를 보내 주셨습니다. 무슨 사연을 써 보내셨는지 몇 줄만 소개하고 이분이 한글을 배우시게 된 까닭을 몇 마디 보태겠습니다.

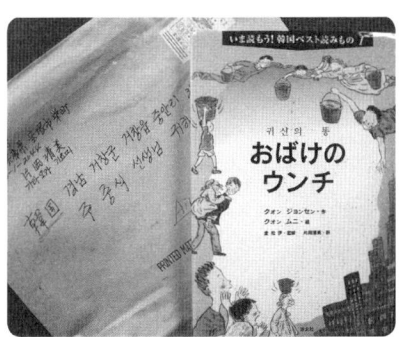

권정생 선생님 동화책 《밥데기 죽데기》가 《우바께노 운찌(귀신의 똥)》라는 일본말 책으로 나왔다. 가따오까 기요미 님이 옮겼다.

주중식 선생님께 드립니다.

안녕하십니까? 처음 편지 올립니다. 저는 일본사람 가따오까 기요미입니다.

더 빨리 편지를 드려야 됩니다만 이렇게 늦어 버려서 정말 미안합니다. 《이 세상 모든 것은 생각에서 나왔대요》 《밥데기 죽데기》 《살구꽃 봉오리를 보니 눈물이 납니다》 다 매우 훌륭한 책을 받아서 뭐라고 감사를 드려야 할지 모르겠습니다. (……중간 줄임)

《이 세상 모든 것은 생각에서 나왔대요》 날마다 책을 읽고 생각하고 살아가는 것, 자신만의 생각을 가지도록 하고 일기장에 쓰면서 생각을 더욱 넓게 키워 주셔요. 처음부터 끝까지 책 속에는 아이들 삶을 가꾸기를 위하는 주중식 선생님의 뜨거운 정신이 흐르고 있습니다. 서울 올림픽이 열렸을 때 까딱 잘못하면 책을 읽어야 할 시간에 텔레비전 앞에서만 지내게 될지도 몰라 걱정하셨던 모습을 보고 저는 감복했습니다.

> 〈체르노빌 원자력 발전소가 터진 까닭〉에서는 히로시마 원자폭탄 때문에 다친 사람들까지 걱정하셨던 글을 읽어서 눈시울이 뜨거워졌습니다. 《평화를 이루는 일도 우리의 작은 힘으로》 원폭 피해 사진집을 본 초등학교 5년 경미수 군이 쓴 글 '아마 그 당시에 우리나라는 "해방이다!" 하면서 좋아했겠지만, 일본에 원자탄이 떨어졌을 때 그 고장은 어떻게 되었겠습니까?' 남들을 생각하는 귀한 마음, 저는 울어버렸습니다. (……뒤 줄임)

김송이 선생님께 들었는데, 이 편지를 보내 주신 분은 세종 임금님께서 백성이 날마다 쓰기에 편하게 하려고 훈민정음을 만들어 냈다는 이야기를 읽고 감동하여 한글을 배우기로 마음먹었다고 합니다.

세상에 수많은 임금이 있었으나 모든 백성을 이토록 아끼고 위하는 이런 임금님이 만든 글자이니 얼마나 훌륭하겠는가 싶어 한글을 배우신 것입니다. 그래서 한국

동화작가 권정생 선생님 방

말 책도 읽고 글도 써 보고 싶으셨던 것이지요. 그러니까 바라는 대로 우리말과 글을 잘 배워서 한국말 책을 일본말로 옮기는 일을 하시는가 하면, 저한테 편지도 써 보내 주신 것입니다.

다음은 국민대학교 명예교수 이상보 님이 쓰신 글에서 따온 것으로, 영어를 쓰고 있는 나라 언어학자들이 한글을 어떻게 보고 한글날에 어떻게 하는지를 소개한 이야기입니다.

영국 리즈 대학의 샘슨 교수는 그가 지은 책《글자체계(writing system)》에서 한글 이야기를 따로 길게 써 놓았는데, 한글의 독창성과 과학성을 크게 칭찬하였다고 합니다. 이분은 우리나라에 왔다가 서울 덕수궁에 있는 세종대왕 동상 앞에서 큰절을 올리기까지 하였다 합니다. 그리고 미국 시카고 대학의 매콜리 교수는 해마다 한글날이 되면 학생들을 자기 집에 불러 축하 잔치를 연다고 합니다.

　　한글과 세종대왕에 대한 이분들의 마음이 참 남다르지요? 다른 나라 사람이 세종 임금님의 높고 큰 뜻에 감동하여 우리말과 글을 배우는가 하면, 말과 글을 연구하고 가르치는 언어학자들이 이처럼 빼어나고 훌륭한 한글과 세종대왕을 높고 귀하게 여기며, 한글날을 뜻깊게 기리기까지 하고 있습니다.

　　여러분, 내일이 한글날이지만 두 번째 토요일이라서 우리가 학교에 나오지 않는 날이기 때문에 하루 당겨서 오늘 기념행사를 합니다. 나머지 시간에도 담임 선생님과 함께 한글 바르게 익히기 공부를 잘해 주세요. 오늘 뿐만 아니라, 날마다 부지런히 배우고, 열심히 일하고 잘 놀면서 살아가도록 합시다. 그리고 여러분도 세종 임금님을 본받아 가엾은 사람을 돕고, 모든 사람이 편안하게 살아가도록 길을 열어 주는 훌륭한 사람이 되어 주시기 바랍니다.

한글날을 맞이하여 해마다 기념행사를 하는 것은 우리 학교의 남다른 점이요 자랑입니다. 말이나 글은 여러 사람이 잘 알 수 있도록 바르고 고운 말을 쉽게 써야 합니다. 오늘 배운 것을 꼭 실천하여 이것도 우리의 자랑거리가 되도록 해 봅시다.

샛별 어린이 여러분, 아는 것은 실천하는 것입니다. 실천이에요!

(한글날, 2004)

믿고 기다리는 마음
입학식

우리 학교는 어제 새 학년을 시작하였습니다. 삼일절 기념 예배를 마치고, 새 담임 선생님과 동무들이 새 교실로 가서 새 학년 살림을 시작했습니다.

오늘 우리는 새로 들어오는 1학년 식구를 반갑게 맞이하려고 학부모님과 선생님, 6학년 언니들이 한자리에 모였습니다.

1학년 새 식구 여러분, 반갑습니다.

우리 다 같이 인사 나눌까요? 1학년 새 식구 여러분, 신을 벗고 그 앞은 자리에 올라서서 뒤로 보세요. 우리

입학식에서 언니 오빠들하고 첫인사 나누는 새내기들

새 식구가 인사하면 6학년 언니들은 손뼉을 크게 쳐 주세요. 자, 인사합시다. 좋아요, 다시 앉아 주세요.

1학년 새 식구 여러분, 이제는 저를 따라 한번 외쳐 볼까요?

"나는 샛별 1학년 (나는 샛별 1학년)

우리 학교 주인이다! (우리 학교 주인이다!)"

오늘부터 여러분은 우리 샛별초등학교에서 선생님

따라 열심히 잘 배우고, 동무하고 사이좋게 뛰놀며, 즐거운 마음으로 지내시기 바랍니다. 이 자리에 계신 선생님과 언니들, 그리고 아버지와 어머니들이 한마음으로 여러분이 건강하게 자라도록 잘 보살펴 주실 것입니다.

6학년 어린이 여러분, 여러분은 초등학교에서 가장 높은 학년 언니들이고, 오늘 우리 학교 학생 모두를 대신하여 이 자리에 참석하였습니다.

한 가지만 부탁하겠습니다. 새로 들어온 1학년 동생들을 비롯하여 모든 학년 동생들에게, 언제나 좋은 말로, 친절하게 대해 주시기 바랍니다. 그러면 동생들도 친절한 사람으로 남 도우며 살아가게 될 것입니다.

여러분, 좋은 본 보여 주시겠지요?

선생님과 학부모님, 새 학기 맞이하느라 애쓰셨습니다. 고맙습니다.

우리가 학교에서 아이들을 만나는 이 일은 다른 어떤 일보다 귀하고 값진 일입니다. 자부심과 긍지를 가지고 품은 뜻 마음껏 펼쳐 주시기 바랍니다. 우리가 쏟는 사랑과 정성에 아이들은 자신감 가지고 즐겁게 배울 것이고, 인생을 아름답고 행복하게 살아갈 것입니다. 정성과 사랑은 빛과 소금 같은 사람을 길러 냅니다.

샛별 식구 여러분, 우리 학교 뜰에 심어 놓은 밀과 보리가 지난겨울 매서운 추위를 이겨 내고 푸른 빛깔을 내며 잘 자라고 있습니다. 아직 어립니다. 빨리 키우겠다고 줄기를 잡아당기면 어떻게 되겠습니까? 믿고 기다려야 합니다.

우리 아이들도 마찬가지입니다. 우리가 만나는 아이를 믿고 기다리는 마음, 이 한마디를 입학식 선물로 나누어 드립니다.

샛별 1학년 새 식구들이 바르게 자라도록 좋은 기운 불어넣어 주는 손뼉 한 번 더 쳐 주십시오.

여러분, 사랑합니다.

(입학식, 2006)

마음 가꾸는 공부
이야기 발표

어떤 사람이 훌륭한 사람인가 아닌가, 좋은 사람인지 나쁜 사람인지를 가려내기란 쉽지 않습니다. 그러나 눈을 감고서도 구별해 낼 수 있습니다. 어떻게? 그 사람이 하는 말을 가만히 들어 보면 그 사람이 어떤 사람인지 알 수 있으니까요.

어떤 사람이 훌륭한 사람이라고 많은 사람이 칭송하는 것은 그 사람 말이 참말이고 마음을 편안하게 해 주기 때문입니다. 그런 점에서 촛불을 들고 나와서 바른 말 꼭 할 말을 적어 나와서 하는 요즘 우리나라 여중학생과 여고생, 젊은이들이 참 훌륭하구나 싶어요. 그런가 하면 대통령과 장관들은 자기들이 머슴이니까 백성을 섬기겠다고 말하면서 자기들도 안 먹는 미친 소고기를 수입하겠다고 거짓말을 하니 믿을 만한 사람이 아니구나 하는 생각이 듭니다.

 사람은 눈에 보이는 몸과 눈에 안 보이는 마음으로 이루어져 있습니다. 몸을 건강하게 하려면 몸에 해로운 음식을 멀리하고 알맞은 운동을 해야 합니다. 마음을 건강하게 하려면? 아름다운 이야기가 들어 있는 말이나 영상물을 자주 보고 들어서 마음에 새겨 놓아야 합

내 생각, 동화를 여러 사람 앞에서 이야기하는 시간

니다. 이게 마음을 잘 가꾸는 공부입니다.

　몸에 해로운 미친 소고기를 안 먹어야 하듯이 해로운 말이나 영상물은 멀리해야 건강하고 훌륭한 사람으로 살아갈 수 있습니다.

　오늘 우리들의 이야기 나누기(동화와 내 생각 발표)는 마음 가꾸는 좋은 공부입니다. 말을 바르게 하고 잘 들을 줄 아는 공부입니다. 발표하는 사람은 자기가 하는 말을 다른 사람이 잘 알아듣게 말하고, 듣는 사람도 귀 기울여 잘 들어야 하겠지요.

　지금 여러분은 배우고 익히는 단계이니까 조금 실수해도 괜찮으니까 마음 푹 놓고 하십시오. 저도 제 자리에서 이야기 잘 들어 보겠습니다.

　여러분, 마음 가꾸는 공부 잘해서 아름다운 이야기를 이웃과 나누며 살아가는 훌륭한 사람이 되어 주시기 바랍니다. 제 이야기 잘 들어 주셔서 고맙습니다.

(이야기 발표회, 2008)

즐겁게 살아가는 밑바탕 닦기
독창 발표

여러분, 이 시간에 우리는 독창 발표를 합니다.

좋아서 즐겨 부르고 잘 부르는 노래를 두고 18번이라고 합니다. 내 18번은 무슨 노래일까? 오늘 아침에 생각해 보았습니다. 동요는 〈고향의 봄〉, 〈촘백이〉 같은 노래이고, 찬송가는 〈옳은 길 따르라 의의 길을〉, 대중가요는 〈하숙생〉, 〈섬마을 선생님〉 같은 노래이며, 민요로는 〈밀양 아리랑〉, 〈홀로 아리랑〉 같은 노래입니다. 여러 사람이 모여 어울려 놀 때 노래를 부르라고 하면 모인 자리에 따라 이 노래 가운데서 골라서 부릅니다.

왜 이런 노래를 좋아하고 즐겨 부르게 되었을까? 그 가사가 맘에 들었기 때문입니다. '내가 살던 고향은 꽃 피는 산골', 이 노래를 부르면 어릴 적 고향에서 놀던 때 마음이 되어 참 편안해집니다. '촘백이 촘백이 신발 신는데 나이키 2만 원 너무 비싸서 고무신 신겠네 빰빠라 빰빰빠 빰빠라' 하면서 고무신을 신고 떳떳하게 삽니다. '옳은 길 따르라 의의 길 세계 만민이 의의 길 이 길 따라서 살 길을' 이 노래는 의사 장기려 박사님 모임에서 따라 부르다 익혔습니다. 이 노래를 부르면서 그래 옳은 길 따라 살아가야지 다지고 또 다지게 됩니다. 또 '홀로 아리랑'은 남북이 서로 만나서 하나로 살아가자는 뜻이 있고 곡이 좋아서 혹시 교장 선생님 모임에 가서 노래방에 가면 이 노래를 목청껏 부릅니다.

사람은 자연과 주위 사람의 영향을 받고 살아갑니다. 우리가 잘 느끼지 못하고 있지만 노래 영향도 받습니다. 지난 월요일 예배 시간에 불렀던 작은 제자라는 노래가 입에서 흥얼흥얼 흘러나온다면 분명히 그 노래대로 예수님 본받으며 살아가는 복된 삶을 살아가게 될 것입니다.

우리 학교에서 독창 발표회를 여는 까닭은 노래를 즐겨 부르고 들으며 즐거운 마음으로 살아가는 밑바탕을 닦기 위해서입니다. 행복하게 살아가는 길이기 때문입니다.

오늘 앞에 나와서 독창 발표를 하는 어린이는 정성을 다하여 노래를 불러 주시기 바라고, 앉아서 듣는 사람은 조용히 잘 들어 주시기 바랍니다. 그리고 앞으로 좋은 노래를 골라서 18번을 많이 만들어 언제나 흥겹게 부르면서 즐겁고 행복하게 살아가시기 바랍니다.

독창 발표회를 위해 지도하시고 자리를 마련하시느라 애쓰신 선생님들 고맙습니다.

(독창 발표회, 2008)

잘 어울려 내는 아름다운 소리
기악 합주 발표

음악이 무엇입니까? 음악이지요. 쉽게 말하면 소리로 아름다움을 만들고 나타내는 것인데요, 조금 달리 말하면 소리의 높낮이, 길고 짧음, 세고 여림이 잘 어울리게 하여서 목소리나 악기로 연주하는 것입니다.

아침에 자고 일어났을 때, 촌에 사는 사람은 무슨 소리를 듣게 됩니까? 새소리를 듣지요. 집이 냇가에 있으면 물 흘러가는 소리도 듣겠지요. 그러면 도시 사람은 무슨 소리를 들을까요? 자동차 지나다니는 소리를 듣겠지요. 소리에 따라서 우리 마음을 편안하게 하거나 불안하게 만듭니다. 어째서 그럴까요? 마음을 편안하게 하는 자연에서 나오는 소리는 소리가 잘 어울리기 때문입니다.

사람이 만들어 내는 소리라도 잘 어울리게 하면 아름답게 느껴지고 마음을 편안하게 해 줍니다. 우는 소리, 악기 소리가 잘 어울려 날 때는 아름답기도 하지만 그렇지 않으면 시끄러운 소리로 들리기도 하지요. 음악은 우리 마음을 아름답게 가꾸어 주는 참 좋은 예술 활동입니다.

지금부터 샛별 기악 합주 발표를 하게 될 텐데, 이제 여기 우리 학교 강당에서는 무슨 소리를 듣게 될까요? 기악 합주 소리, 소리가 서로 다른 악기로 여럿이 함께 연주하는 소리를 듣게 되겠지요. 이런 자리, 사람 목소리나 악기로 연주하고 듣는 자리를 음악회라고 합니다.

저는 대구에서 한 번 바이올린 연주회에 가 본 적이 있고, 미국 여행하면서 밤에 야외 공연장에서 성악가 노래를 들으러 가 본 적이 있어요. 거창 문화센터에서 하는 음악회에도 여러 번 가 보았지요.

그런데 음악회 중에서 우리 학교 기악 합주 발표회는 '아주 특별한 음악회'라고 여깁니다. 음악을 배우고 익히는 어린 음악가들이 연주하면서 아름다움을 느끼고 들으면서 아름다움을 느끼는 자리이기 때문입니다.

아무쪼록 연주하는 사람이나 듣는 사람이 모두 한마음으로 아름다움을 맛보며 아름다운 마음을 가꾸어 주시기 바랍니다. 앞으로 살아가면서도 악기로나 목소리

어쩌다 한 번 치는 심벌즈나 칭칭이가 들어가서 아름다운 음악이 된다.

로 곡을 연주하고, 듣고 즐기며 아름답게 살아가시기 바랍니다.

이 특별한 음악회가 열리기까지 지도하고 준비하신 선생님과 연습하느라 애쓴 어린이 여러분 수고하셨습니다. 여러분이 함께 만든 음악 잘 듣겠습니다. 고맙습니다.

(기악 합주 발표회, 2008)

나도 운동 꾸준히 해서
하느님 선물 꼭 받아야지!
가을 운동회

 샛별 어린이 여러분, 반갑습니다.
 귀여운 손자 손녀, 아들딸이 씩씩하게 행진하여 입장하는 것부터 보시려고 일찍 나와 주신 할머니 할아버지, 학부모님, 반갑습니다.

 오늘은 39번째 샛별 운동회 날입니다.
 여기 '운동'이라는 말이 들어갔는데, 운동이 무엇입니까? 우리말 사전에는 '체육, 위생을 위하여 몸을 움직이는 일'이라고 풀이해 놓았습니다. 여러분이 몸을 튼튼하게 하려고 체육 시간에 하는 여러 가지 활동, 또 어른들이 건강을 지키려고 길을 걸어 다니거나 산에 오르는 활동이 모두 운동입니다.

원래 사람은 몸을 움직여 일하고, 걷거나 달리면서 살아가도록 세상에 나왔습니다. 그런데 기계를 만들어 내어 그걸 쓰느라 몸을 덜 움직이면서 살아가게 되었습니다. 이렇게 되면서 탈이 생겼습니다. '생활습관병'이라고도 하는 문명병으로 고생하는 사람이 많습니다. 이런 병을 미리 막고 또 고칠 수 있는 첫째가는 방법은 운동이라고 합니다. 그러므로 누구나 하루에 어떤 운동을 얼마만큼 할 것인지 계획을 세워 놓고, 꾸준히 해 나가야 합니다.

저는 2년 반 전까지만 해도 학교에서 가까운 대우아파트에 살았습니다. 그러나 지금은 서변리라는 마을에서 삽니다. 학교에서 4킬로미터 떨어진 먼 곳에서 날마다 자전거를 타고 학교에 다닙니다. 학교에 올 때 4킬로미터, 집에 갈 때 또 4킬로미터 모두 몇 킬로미터이지요? 비가 오거나 짐이 많을 때, 그리고 몹시 덥고 추울 때가 아니면 꼭 자전거를 타고 다닙니다. 그동안 늘 자전거를 타고 다니니까 이제는 다리에 힘이 붙어서 조금 오르막길에도 5단 기어로 그대로 올라갈 수 있습니다. 그리고 기분이 아주 상쾌합니다.

  이렇게 운동을 하니까 하느님께서 저에게 선물을 주셨습니다. 하느님께서는 운동을 꾸준히 하는 사람 누구에게나 이 선물을 주십니다. 이 선물은 무엇일까요?

  운동을 꾸준히 해서 선물을 받아 보면 그게 무엇인지 답을 알 수 있습니다. 여러분 모두 운동을 꾸준히 해서 그 답을 잘 찾아내어 주시기 바랍니다.

  한 가지 더 이야기하고 싶은 것이 있습니다.

  엊그제 운동회 모두 연습 때, 여러분이 경기하는 모습을 눈여겨 살펴보았습니다. 모두 힘껏 잘 달렸고, 힘을 합쳐서 단체 경기를 잘하는 모습이 보기 좋았습니다. 그중에서 기억에 남는 세 사람만 소개하겠습니다.

5학년 성반석, 여러분도 잘 알지요? 다리가 불편한데도 걷지 않고 끝까지 잘 달렸습니다. 온 힘을 다하는 참으로 훌륭한 태도입니다. 2학년 박준서는 농구대 기둥에 부딪혀서 다리를 다쳤습니다. 멍이 들고 처음에는 잘 걷지도 못하였는데 제가 좀 주물러 주면서 용기를 내라고 했습니다. 그랬더니 아픈 걸 참고 힘껏 이어달리기 선수로 책임을 다했습니다.

장애물 넘어서 달리기

그리고 1학년 백두 편 옆에서 체조하면서 바로 제 옆에서 체조하는 아이를 보았습니다. 작은 아이가 체조를 힘차고 바르게 하였습니다. 그래야 운동이 됩니다. 교장실 벽에 붙은 우리 학교 식구 사진을 보니 이름이 윤영근이었습니다. 여러분이 마음만 먹으면 모두 영근이처럼 운동이 되게 체조를 바르게 잘할 수 있을 거라고 믿습니다. 이런 사람이 큰사람입니다.

샛별 어린이 여러분, 여러분 모두가 온 힘을 다하고, 체조를 운동이 되게 하고, 조금 다쳤더라도 용기를 내어 경기를 끝까지 하고, 규칙과 질서를 잘 지켜 주시기 바랍니다. 오늘 하루는 여러분 모두 큰사람으로 쑥 자라는 날이 되고 즐거운 날이 될 것입니다.

자, 다음 말을 소리 내어 따라 외쳐 주세요.

나도 운동 꾸준히 해서,
하느님 선물 꼭 받아야지!

(나도 운동 꾸준히 해서,

하느님 선물 꼭 받아야지!)

　　체육 담당 선생님과 담임 선생님, 행정실 직원 여러 분께서 함께 경기 지도와 준비를 위해 수고 많이 하셨습니다. 오늘 마칠 때까지도 애써 주시기 바랍니다. 고맙습니다.

(가을 운동회, 2005)

생각 폭 넓히고 꿈 키우는 밑거름
수학여행

샛별 6학년 어린이 여러분,

중국 상하이와 쑤저우를 돌아보러 수학여행을 떠나게 되는 기분이 어떻습니까? 여행 준비는 잘하였습니까? 여행하는 동안 무엇을 보고 배울지 잘 생각해 보았습니까?

저는 학포초등학교 6학년 때 수학여행을 진주로 갔습니다. 가서, 개천 예술제 구경을 하였습니다. 1962년 가을이었으니, 지금으로부터 45년 전 일입니다. 새벽에 일어나 나룻배로 낙동강 건너고, 이십 리 길이나 걸

1962년 11월 17일, 초등학생 시절 수학여행, 진주 촉석루 앞에서

어가서 버스를 타고 창원역으로 갔습니다. 창원에서 진주까지는 기차를 타고 갔지요. 기차가 굴속으로 들어가는 것이 신기했습니다. 수첩에 역 이름도 적고, 우리 동네에서 못 보던 것이 보이면 또 적었습니다.

지금 저한테는 진주 촉석루 앞에서 찍은 수학여행 기념사진 한 장만 남아 있을 뿐 그때 적어 놓은 것을 간직하지 못하여 아쉬움이 큰데, 그래도 그때 일이 눈에 선합니다. 지금 생각해 보면, 기차를 처음 타 보고, 먼 곳까지 가 보아서 참 좋았습니다. 이때 여행이 저도 모르는 사이에 제 생각을 넓은 곳까지 뻗어 나가게 하였고, 꿈을 키워 가는 데에도 도움이 되었을 것으로 믿고 있습니다.

제가 나라 밖으로 나가 본 것은 학교 선생이 된 뒤였습니다. 여러 해에 걸쳐 중국에 두 번 가 보았고, 일본과 뉴질랜드, 캐나다에 한 번씩, 미국에는 세 번 갔다 왔습니다.

저는 여행하면서 잠깐이라도 짬이 나면 수첩을 꺼내어 그때그때 보고 들은 것이나 생각이나 느낌을 적어 놓습니다. 어떤 때는 노트북을 가지고 가서 호텔에 놓아두고 저녁에 돌아와서 수첩에 적어 놓았던 것을 부지런히 옮겨 적었습니다. 이렇게 하여 여행할 때마다 여행기를 남겼는데, 제가 쓴 여행 이야기에는 준비에서 마치고 돌아올 때까지 여행에서 겪은 온갖 이야기가 들어 있습니다. 저는 이다음에 여행 이야기만 모아서 책을 만들어 보려고 합니다. 제가 여행하면서 여행기를 남기게 된 것은 초등학교 수학여행 때 싹이 텄지 싶어요. 그 뒤로도 죽 그렇게 하다 보니, 이제는 아주 좋은 버릇이 되었습니다.

중국으로 여행 떠나는 6학년 어린이 여러분에게 꼭 하고 싶은 말이 있습니다. 여러분도 제가 해 본 것처럼 여행하는 동안에 수첩을 가지고 다니면서 그때그때 보고 듣고 생각나는 것을 적어 보라는 것입니다. 그렇게 틈틈이 적어 놓았다가 여행 마치고 돌아와서 컴퓨터에 옮겨 적으면서 글을 조금 다듬으면 이게 바로 여러분의 여행기가 되고, 이것은 여러분이 생각의 폭을 넓혀 가고 꿈을 키워 가는 데 좋은 밑거름이 되어 줄 것입니다.

'수학여행'은 국어사전에서 풀이한 대로, 선생님이 이끄시는 대로 보통 때 가 보지 못한 곳에서 자연과 문화를 실지로 보고 들으며 지식을 넓히는 활동입니다. 또한, 낱자로 '닦고 배우러 여럿이 가는 것'이라고 뜻을 풀어볼 수 있듯이, 여럿이 지내는 동안 몸과 마음을 닦고 배우는 것도 있습니다.

이번 수학여행은 여러분 한 사람 한 사람에게는 물론, 우리 학교로서도 아주 뜻깊은 일입니다. 나라 밖으로 나가는 수학여행은 우리 학교 생기고 처음 있는 일이니까요.

부탁할 말도 한 가지 있습니다. 함께 다니시며 여러분을 보살펴 주실 두 분 담임 선생님과 교감 선생님, 행정실 선생님 말씀에 잘 따르고, 탈것에 오르내리고 그 안에 있을 때와 먹고 자고 쉬는 때에 지켜야 할 점을 반드시 지켜 주세요.

부디 이번 여행이 여러분 생각을 넓게 뻗어 나가게 하고 큰 꿈을 이루는 데 좋은 밑거름이 되기를 바랍니다. 잘 다녀오세요.

(수학여행, 2007)

내가 맡은 일 잘하고 있나?
연극 발표

　우리 학교에서는 가을에 한 해는 학예 발표회를 열고, 한 해는 작품 전시회를 열고 있습니다. 지난해 학예 발표회를 마치고 선생님들이 의논하였습니다. 학예 발표회 시간이 너무 길어서 보는 사람한테 무리가 된다고 지적하면서 연극은 작품 전시회가 열리는 해에 따로 발표회를 여는 것이 좋겠다고 하였습니다. 그래서 올해 처음으로 이렇게 연극 발표회를 따로 열게 되었습니다.

　연극은 무대와 같이 여러 사람한테 열어 놓은 자리에서 관객들한테 보여 주는 예술이라서 공연 예술이라고 합니다. 또 연극은 극본이 문학이고, 무대 장치에 미술이 들어가고, 효과를 높이기 위해 음향과 음악이 들어가고, 필요에 따라 무용도 들어가므로 여러 예술이 다 들어간다고 해서 종합 예술이라고도 합니다.

오늘 우리는 이런 종합 예술을 보고 느끼는 아주 좋은 자리에 와 있습니다. 연극을 보면서 우리는 기쁘거나 성이 날 수도 있고, 슬픔과 즐거움을 맛볼 수 있을 것입니다.

오래전 우리 반 이야기를 듣고, 연극 극본을 쓸 것이라 한다.

연극은 사람 살아가는 것과 비슷한 데가 참 많습니다. 저는 이런 생각을 좀 해 보았습니다. 우리 인생이나 연극이 한 번 지나가면 다시 돌이킬 수 없는 점에서 같구나 싶습니다. 영화는 보고 또 볼 수 있으나 연극은 딱 한 번으로 끝입니다. 또 우리가 살아갈 때나 연극에서 내가 맡은 역을 얼마나 충실히 잘하는가에 따라 여러 사람한테 감동을 주기도 하고 눈살을 찌푸리게 한다는 생각을 해 보았습니다.

이게 내가 맡은 역이다 생각하고 그 한 가지에 온몸을 바치는 사람은 아름답게 살아가는 사람입니다. 그 인물에게 맞지도 않은 역을 억지로 맡아서 제대로 연습도 하지 않고 연기를 한다면 그 연극은 관객한테 실망을 안겨 줄 것입니다. 어떤 역을 맡는가 하는 것이 중요하지 않고 얼마나 그 역에 충실하였는가가 중요합니다.

오늘 이 연극을 발표하기까지 지도하느라 애쓰신 전하늬 선생님과 열심히 연습하고 준비해 주신 어린이 여러분 수고하셨습니다. 그리고 옆에서 보이지 않는 손길로 무대 장치와 무대 설치, 이 공연을 위해 여러모로 도와주신 선생님과 학부모님, 그리고 소리가 잘 들리도록 애써 주신 분과 영상 장치를 챙겨서 보내 주신 모든 분 정말 고맙습니다.

  오늘 이 시간이 우리 인생에서 아주 즐거운 시간이고, 아름다운 시간으로 기억될 수 있기를 바랍니다.

(연극 발표회, 2003)

일 · 놀이 · 공부를 골고루
겨울 방학식

이제 여러분이 기다리던 겨울 방학을 하게 됩니다. 우리 학교가 다른 학교보다 겨울 방학을 늦게 시작하는 것은 한 달에 두 번 토요일을 집에서 지냈고, 2월에도 4일만 학교에 나오고 방학을 계속하기 때문입니다.

다들 즐거운 겨울 방학이라고 합니다. 왜 즐거울까요? 정해진 시간에 학교에 오지 않아도 되고, 학교에서 지내는 것보다는 아무래도 내 맘대로 하고 싶은 것을 해 볼 수 있으니까 즐거운 겁니다.

제가 보낸 겨울 방학을 떠올려 보면, 썰매 타기나 연

날리기 팽이치기 자치기 같은 것을 하면서 실컷 놀았습니다. 그리고 하루에 한 짐씩 산에 가서 나무를 해 오는 일을 주로 하였습니다. 저녁에는 눈을 비비면서 일기를 쓰고 방학 숙제를 하였습니다. 그러나 숙제는 다 해 본 적이 없고, 일기는 빼먹은 날이 많았습니다. 그래서 그것 때문에 학교에 가는 날까지 걱정을 많이 했던 기억이 납니다.

지금은 그전하고 놀이와 일, 과제가 많이 달라졌습니다. 그러나 이런 것을 제대로 하지 않아 걱정하고, 제 할 일 안 하고 딴짓만 한다고 부모님께 야단맞는 일은 비슷할 거라는 생각이 듭니다. 그런 점은 예나 지금이나 비슷한 것 같습니다.

여러분이 부모님과 의논해서 스스로 낸 방학 과제를 잘하기 바랍니다. 그리고 담임 선생님이 부탁하신 것도 잘 해내야 하겠지요. 이에 덧붙여 저도 한 가지 부탁하고 싶은 것이 있습니다.

사람답게 살아갈 수 있으려면 무엇을 골고루 잘해야 할까요? 사람마다 조금 다르게 답할 수 있겠는데, 저는 일, 놀이, 공부를 골고루 잘하는 것으로 생각합니다.

제가 초등학교 다닐 적에 겨울 방학을 어떻게 보냈나 돌이켜보면, 공부를 조금 모자라게 했지만, 이 세 가지를 다 했습니다. 그런 것을 퍽 다행스럽게 여깁니다.

그런데 이 세 가지를 하면서 조금 달리해 보라고 부탁합니다. 일, 놀이, 공부를 하되, 살아가면서 늘 하는 것에서 새로움을 찾고, 실험하고, 연습해 보라는 것입니다. 그리고 그것을 그날그날 한번 써 보세요. 그러면 참 뜻있는 방학이 될 것입니다.

예를 들어 보겠습니다. 밥 먹는 일에서 새로운 것을 찾아본다면 어떤 게 있을까요? 청소하는 일에서, 과제를 푸는 것에서. 일기를 쓸 적에, 여행할 적에, 놀이동산에 갔을 적에는 어떤 점이 새로웠습니까?

즐겁고 괴로운 것은 남이 만드는 것이 아니고 자기

자신이 만듭니다. 괴로움을 불러들여서 괴로워합니다. 여러분은 방학 동안에 스스로 즐거움을 불러들여서 즐겁게 지내 보시기 바랍니다.

(겨울 방학식, 2004)

아름다운 꿈 이루는 길
졸업식

너는 참 귀하고 소중한 사람
세상의 주인, 아름다운 꽃이다.

네 가슴에 품은 꿈
아름답게 꽃피우기 바라며
내가 찾아낸 길, 살짝 귀띔해 주마.

옛날 어느 강가 조그만 마을에
한 아이가 살았는데, 초등학교 4학년이 되었어.
꿈이 뭔지 적어 보라며 선생님이 내준 쪽지에

'초등학교 선생님'이라 적었지.

집이 가난해 실업학교 나와서 공장에 들어갔어.

어, 이 길이 아니잖아?

혼자 제 갈 길 다시 찾아 꿈 이루어,

아이를 들꽃처럼 키우고 싶은 선생님이 되었지.

지금 너에게 이 편지 쓰는 내 이야기야.

부디 품은 꿈 잘 이루기 바란다~. 졸업장을 전하며

여자 주인공 바리를 내세워

세상 돌아가는 이야기 전해 주는

소설 《바리데기》라고 있어.

이 책 읽은 사람 70%가 이 삼십 대고,

십 대도 10% 넘는다는군.

어느 기자가 이 소설 쓴 분 찾아가서 하는 말에

'쉽게, 아주 쉽게, 그리고 편하게 쓰자'

글 쓰는 방 벽에 이 말 쪽지 붙여 놓았다 하네.

소설가 황석영 선생 이야기야.

'내가 젊었을 때 이것을 했더라면……'

할머니가 외숙모한테 하는 말 듣고 있던 어린아이

어느 비 오는 날,

종이에 무언가를 열심히 적고 있네.

이집트 나일 강 탐험, 호주 원주민들 문화 답사, 에베레스트 산 등반, 의료 활동과 탐험 경력 쌓기, 물속 탐험, 중국 만리장성 여행, 빅토리아 호수에서 수영하기, 약초 공부와 지압 익히기, 1분에 50자 타자하기, 윗몸일으키기 200번 턱걸이 20번 하기, 플루트 · 바이올린 연주, 피아노로 베토벤의 월광곡 연주하기, 천체망원경 세우기, 프랑스어 · 스페인어 · 아랍어 배우기, 대학교에서 강의하기, 책 한 권 내기, 내셔널 지오그래픽 잡지에 기사 싣기, 1마일(1.6킬로미터)을 5분에 달리기, 영국 · 덴마크에 있는 할아버지와 외할아버지 태어난 곳 가 보기, 브리태니커 백과사전 다 읽기, 성경 처음부터 끝까지 읽기, 깊은 생각이 담긴 책 찾아 읽기, 고전 음악 작품 친해지기, 결혼해서 아이들 두기

  모두 127가지 꿈 적어서 마흔 몇 살에 거의 다 이루고, 다시 500가지 꿈 아름답게 꽃피우며 살아가는

  미국 사람 존 고다드 할아버지 이야기야.

존 고다드, 황석영, 주중식 이야기에
한 가지로 통하는 것 있으니 그게 무엇일까?
그 하나는 뜻대로 꿈 이루었다는 것이고,

둘은 그 꿈을 종이에 적어 보았다는 것이지.
이게 내가 찾아낸 '아름다운 꿈 이루는 길'이란다.

민들레, 개나리, 진달래, 해바라기
이름 다르고 모양 달라서 아름다운 꽃.
너 또한 옆 사람과 달라서 아름답고
품은 꿈이 달라서 귀한 사람.
아름다운 꽃이다
이 세상 주인이다.

(졸업식, 2008)

잘 배우는 길
학년 마치는 날

한 학년을 마치는 샛별 어린이들에게

 반갑습니다. 지난해 3월 1일(1학년은 2일)부터 새 학년을 시작하여 오늘로 한 학년을 마칩니다.
 여러분, 한 해 동안 선생님에게 모르는 것을 잘 배우고, 동무들과 잘 어울려 놀고, 즐겁게 잘 지냈습니까? 여러분이 모두 밝고 건강하게 잘 자라는 모습을 보고 저는 참 기뻤습니다.
 이제 다시 2월 28일까지 방학이 이어집니다. 새로 받은 책도 읽어 보면서 다음 학년에서 배울 것을 미리 생각해 보면 공부하기가 더 쉽고 재미있을 것입니다. 새 학년을 맞이할 준비를 잘해 주세요.

자, 이번 시간에는 한 학년을 마치면서, 여러분이 저에게 물어보고 싶은 말이나 하고 싶은 말을 소개하고, 여러분의 궁금증을 한꺼번에 좀 풀어 드릴까 합니다. 저는 지난해에 여러분 교실에서 두 시간씩 수업을 하였고, 강당에서도 이야기를 여러 번 하였습니다. 그때 저에게 여러 가지 질문을 하였습니다.

먼저 1학년 어린이가 질문한 것부터 몇 가지 소개하겠습니다. 좋은 마음을 가지면 진짜로 소화가 잘돼요? 교장 선생님 일기 쓰세요? 난 일기 써요. 교장 선생님 딱지 잘 칠 수 있어요? 왜 남기지 말고 먹어야 하나요? 왜 운동은 해야 하나요? 왜 책을 많이 읽어야 하나요? 왜 세상에는 공짜가 없을까요?

함께 생각해 볼 만한 질문이지요? 다음은 2학년 3학년이 한 질문과 부탁입니다. 사람은 왜 때가 되면 죽을까요? 저는 하느님께 기도 드려도 소용없어요. 어떻게 해야 하나요? 하나님이 내 부탁을 들어줘요? 기도하면 바로 없어져요? 교장 선생님은 몇 살 때 눈을 다쳤어요? 내년에 4학년 1반 2반 선생님이 누구예요? 교장 선생님도 나쁜 마음을 가져 본 적이 있어요? 교장 선생님 연세가 몇이세요? 교장 선생님은 우리한테 왜 존댓말을 해요? 교장 선생님, 4학년이 되어도 우리 교실에 자주 오셔서 재미있는 이야기를 해 주세요.

여기에 대하여 간단하게 답해 드리겠습니다.
저는 올해 쉰세 살입니다. 어머니 뱃속에서 지낸 일 년까지 쳐서 세는 우리나라 나이로는 쉰네 살입니다. 제가 눈을 다쳐 큰 수술을 한 때가 벌써 삼십 년 가까이 되었습니다. 그때로부터 지금까지 아침에 일어나면 콘택트렌즈를 끼고 잘 때는 빼야 합니다. 아주 불편합니다. 여러분은 늘 조심해서 다치는 일이 없기를 바랍니다.

제가 어린이에게 존댓말을 쓰는 것은 여러분도 그렇게 존댓말을 쓰면서 살아가기를 바라는 뜻이 들어 있습니다. 손아랫사람이라도 여러 사람을 상대로 말할 때는 존댓말을 써야 하지만, 따로 만나서 말할 때는 예사말을 쓰기도 합니다.

1학년 어린이가 저한테 일기를 쓰느냐고, 물어본 어린이는 일기를 쓴다고 했는데 참 잘하는 일입니다. 저도 어릴 적부터 죽 일기를 쓰고 있습니다. 그리고 어릴 적에 딱지치기나 구슬치기를 참 많이 하였고, 잘했습니다. 음식은 골고루 먹을 만큼만 알맞게 꼭꼭 잘 씹어서 먹어야 합니다. 한 사람이 남겨서 버리는 것은 적을지 모르지만 그걸 모으면 엄청나게 많고, 음식을 버리면 아까워서 남기지 말아야 합니다. 몸이 병들면 하고 싶은 일도 하기가 어려우니까 운동을 해서 건강한 몸을 가꾸어야 합니다. 좋은 책을 많이 읽으면 정신이 건강해집니다. 사람은 몸이 건강해야 하지만, 정신도 건강해야 사람 구실을 할 수 있습니다.

세상에 공짜가 없다는 말은 노력하지 않고는 무엇을 이룰 수 없다는 말입니다. 기도는 이렇게 하면 좋을 것입니다. 하느님, 제가 열심히 노력했는데도 성적이 떨어졌습니다. 낙심하지 말고 꾸준히 노력하겠다는 마음을 갖게 해 주십시오.

　꽃이 피었다가 지듯이 사람도 때가 되면 죽는 것이 자연의 섭리입니다. 마음이 편하지 않아서 배가 아픈 사람이 많다고 합니다. 그러므로 좋은 마음을 가지고 살아가면 소화가 잘되어서 배도 안 아프고 얼굴도 환해집니다. 저도 나쁜 마음을 가질 때가 있습니다. 누구를 미워하기도 하고 원망도 합니다. 그러나 그런 마음을 얼른 내보냅니다. 음식을 먹고 소화되고 난 찌꺼기를 똥으로 내보내듯이, 마음속에 나쁜 것이 있으면 얼른 내보내면서 살아갑니다. 그러면 찡그린 얼굴이 웃는 얼굴로 바뀝니다.

　여러분의 새 학년 담임 선생님은 아직 정하지 않았습니다. 며칠 뒤에 선생님들이 모여서 의논해서 정합니다. 새 학년이 되어서도 여러분 교실이나 강당에서 또 만나기로 합시다.

이제 여러분의 궁금증이 좀 풀렸습니까?

지난 한 해 동안 여러분을 가르쳐 주신 선생님께 고마운 인사를 드리도록 합시다. 따라서 해 봅시다.

'선생님 고맙습니다.' 시-작.

함께 어울려 지낸 동무에게도 인사를 하면 좋겠지요. 어려울 때 서로 도와주고 잘못을 용서해 주기도 하였습니다. 따라서 말합니다.

'동무야, 고맙다.' 시-작.

여러분, 잘 배우는 길은 끊임없이 물어보고 답을 찾아내는 것입니다. 새 학년을 맞이하여 다시 만날 때까지 안녕!

(학년 마치는 날, 2005)